Méditations

de Marc Aurèle

Une Nouvelle Perspective

Samuel Cartaxo

■■■

Liste des contributeurs : Marc Aurèle, George Long, B. J. Taylor

Méditations : Une Nouvelle Perspective

Copyright © 2023 par Samuel Cartaxo

Tous droits réservés. Aucune partie de ce livre ne peut être utilisée ou reproduite de quelque manière que ce soit sans autorisation écrite préalable.

Une partie de ce texte est basée sur les ouvrages merveilleusement précis de George Long (1862) et de John Jackson (1906), tous deux dans le domaine public ; cependant, il a été entièrement réécrit et développé dans un langage et un style contemporains.

Traduction : B. J. Taylor

Edition/Version : 1/8 [Révisé 16 avril 2024]

1. L'éthique. 2. Les stoïciens. 3. La vie.

■ AΩ ■

Clause de non-responsabilité : Veuillez noter que les informations contenues dans ce document sont uniquement destinées à des fins éducatives et de divertissement. Tous les efforts ont été faits pour présenter des informations exactes, à jour, fiables et complètes. Aucune garantie de quelque nature que ce soit n'est exprimée ou sous-entendue. Les lecteurs reconnaissent que l'auteur n'est pas engagé à fournir des conseils juridiques, financiers, médicaux ou professionnels. Le contenu de ce livre a fait l'objet de recherches auprès de diverses sources. Veuillez consulter un praticien agréé avant d'essayer l'une des techniques décrites dans ce livre. En lisant ce document, le lecteur accepte qu'en aucun cas l'auteur ne puisse être tenu responsable de toute perte, directe ou indirecte, subie à la suite de l'utilisation des informations contenues dans ce document, y compris, mais sans s'y limiter, les erreurs, les omissions ou les inexactitudes. Nous vous remercions de votre compréhension.

Élargissez vos horizons littéraires et offrez le plaisir de la lecture : Découvrez un monde de livres captivants qui inspirent, éduquent et divertissent !

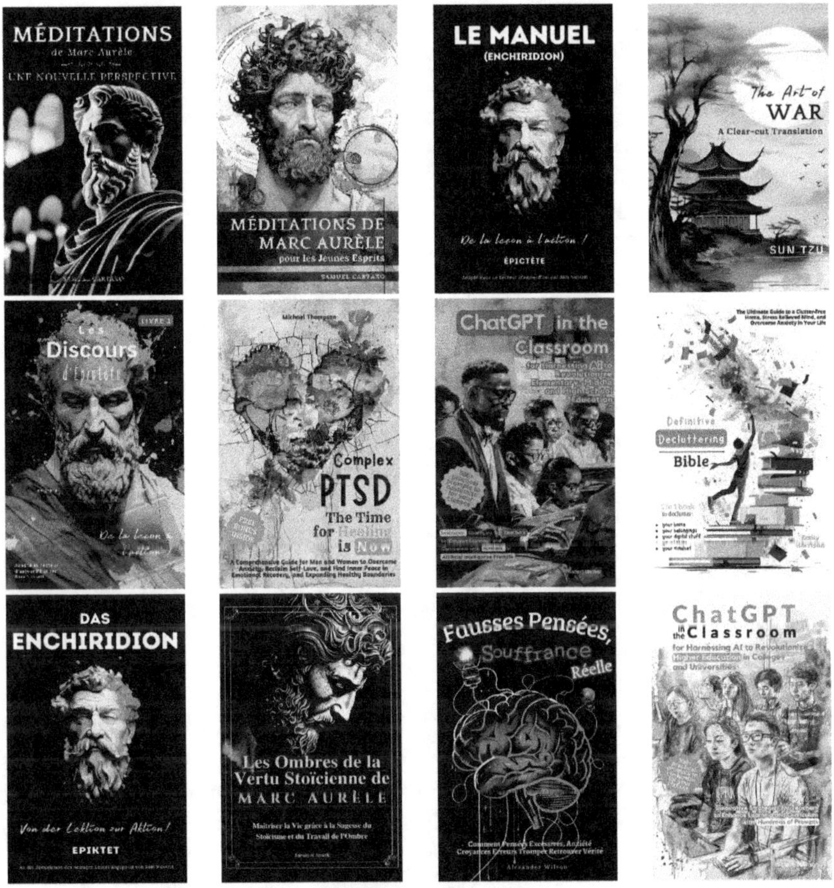

https://www.legendaryeditions.art/

DÉDICACEUR

Ce livre est dédié avec beaucoup d'affection et de gratitude à ma mère bien-aimée, Judith Cartaxo, qui est partie rejoindre Dieu cette année, bien plus tôt que nous ne l'avions prévu. Tu me manques beaucoup, maman. Je t'aime.

SOMMAIRE

PRÉSENTATION

Ce livre est un voyage captivant et transformateur à travers les enseignements du stoïcisme. S'inspirant de la sagesse intemporelle des Méditations de l'empereur Marc Aurèle, il offre une représentation vivifiante et pertinente de cette ancienne philosophie.

Dévoilez les mystères d'une vie sans tracas ni anxiété, et découvrez la force d'âme qui vous permettra d'affronter n'importe quelle situation avec sérénité et robustesse. Comprenez comment contrôler vos pensées et vos sentiments, créez un sentiment de sérénité intérieure et vivez une vie réelle, substantielle et gratifiante.

Vous êtes invité à connaître "Une nouvelle perspective" : découvrez les idées profondes du grand Marc Aurèle d'une manière qui vous apporte sa vaste connaissance de la vie. La plupart des éditions des "Méditations" se contentent d'organiser chaque pensée ou méditation en un seul paragraphe, en accordant peu d'attention à l'importance de la structure. Pourtant, certaines méditations sont si longues et détaillées qu'elles mériteraient un volume entier consacré uniquement à leur discussion. Malheureusement, les paragraphes dispersés sans titres clairs sont devenus monnaie courante au fil des ans. Cette édition change tout cela en présentant les méditations sous des titres clairs et concis qui donnent un aperçu de leurs thèmes et de leurs messages, chacune étant présentée dans un langage simple qui permet au lecteur de s'y plonger directement. Découvrez la profondeur et la densité des "Méditations" sous un jour nouveau.

Composé dans un langage clair et rationalisé, mais essayant d'émuler certaines des "sensations" du récit du grand Marc Aurèle, ce livre fournit un chemin bien défini vers une vie supérieure, et est le compagnon idéal pour tous ceux qui désirent un aperçu plus approfondi de la philosophie stoïcienne. Que vous cherchiez à améliorer vos interactions, à cultiver l'endurance ou simplement à trouver plus de satisfaction et de joie, ce livre a quelque chose à vous offrir. Un glossaire complet et un monstrueux index d'environ 2 000 mots sont proposés à la fin de l'ouvrage pour vous aider à rassembler davantage d'informations.

Alors, si vous êtes impatient d'entreprendre un voyage vers une vie de plus grande valeur et de plus grande intention, procurez-vous votre exemplaire dès maintenant ! Avec ses révélations puissantes et ses conseils pratiques, ce livre est votre passage vers une vie plus gratifiante et plus satisfaisante. Bonne lecture !

PRÉFACE

Cette édition est née d'une pure curiosité, est devenue une expérience, puis s'est transformée en une merveilleuse aventure. Elle ne s'adresse pas aux philosophes experts ou aux historiens érudits de la vie et de l'œuvre de Marc Aurèle ; c'est une édition faite pour vous, comme moi, un lecteur ordinaire, désireux d'apprendre, curieux et émerveillé par le fait que des enseignements tels que ceux présentés dans ce livre peuvent traverser des siècles et des siècles, et pourtant, être toujours d'une immense pertinence pour nos vies d'aujourd'hui.

Pourquoi "Une nouvelle perspective" ? Je m'explique. La première fois que j'ai lu un livre des Méditations de Marcus, j'ai immédiatement eu le sentiment que l'inestimable connaissance de la vie consignée par le grand Marc Aurèle avait été sous-estimée au regard de la structure habituelle accordée à son texte. D'ordinaire, les éditions présentent ses livres divisés en chapitres, chaque annotation de Marcus (ou méditation, si vous préférez) ne faisant l'objet que d'un paragraphe. J'ai également remarqué que certaines méditations sont très étendues et détaillées, méritant peut-être un volume dédié à sa propre discussion, étant donné la densité et la profondeur de leur sagesse. Malgré cela, les paragraphes détachés, sans même un titre qui s'y rapporte, sont devenus monnaie courante dans la littérature au fil des siècles. La discussion de ces méditations plus pertinentes de l'Empereur n'a pas été abordée dans cette édition ; cependant, outre le langage plus fluide et mis à jour, chaque méditation a été ajoutée avec une légende qui transmet au lecteur à l'avance son thème et son message. Cette disposition améliore considérablement la lecture, de manière à permettre au lecteur de parcourir rapidement la table des matières à la recherche d'un sujet qui retient son attention, puis de passer directement à la méditation souhaitée.

Des efforts ont été faits pour moderniser la langue, tout en préservant une certaine atmosphère du style ancien - une caractéristique présumée de l'époque de l'empereur. L'idée est qu'en parcourant le texte, le lecteur se plonge dans le passé et imagine Marc Aurèle lui-même en train de faire le récit à ses oreilles. Cette immersion temporelle serait grandement entravée par une langue totalement actualisée, à la structure toujours directe, incluant des termes banals ou même des argotismes, par exemple... C'est pourquoi de nombreux passages sont volontairement placés "dans la voix" du grand empereur, même si cet aspect n'est qu'un goût personnel. J'espère néanmoins que le lecteur s'extraira de la réalité concrète, ne serait-ce que pour quelques instants, et qu'il écoutera la sagesse proclamée au cours de ces millénaires.

Cette édition des "Méditations" a été conçue pour être plus accessible au lecteur moderne, tout en essayant de préserver son message et sa structure fondamentaux. Le résultat est une représentation inspirante et pertinente du stoïcisme, l'une des écoles les plus influentes de la philosophie classique. Pour les amateurs de livres les plus curieux, un glossaire complet, rempli d'informations contextuelles, est fourni à la fin du volume. En outre, un index massif d'une vingtaine de pages, couvrant des milliers de mots et d'expressions mentionnés dans le texte, est proposé au lecteur.

À ce stade, vous vous demandez peut-être ce qu'est-ce qu'on appelle le stoïcisme, n'est-ce pas ? Le stoïcisme est né à Athènes au début du IIIe siècle avant J.-C. et met l'accent sur la maîtrise de soi et la résilience face à l'adversité, ainsi que sur la poursuite d'une vie vertueuse et épanouissante. Les stoïciens pensaient que nos émotions et notre bien-être sont largement influencés par nos pensées et nos croyances, et que nous avons le pouvoir de les réguler. Marc Aurèle était un représentant renommé du stoïcisme, une école de pensée qui met l'accent sur l'autodiscipline et la robustesse face à la lutte. Son œuvre maîtresse, "Méditations", est considérée comme l'un des plus grands ouvrages du stoïcisme. Elle offre un aperçu de ses théories et de ses méthodes, et fournit des orientations et des encouragements utiles pour mener une vie plus gratifiante et plus utile. Ce livre offre un aperçu de ses croyances et de ses pratiques, fournissant aux lecteurs des conseils pratiques et de l'inspiration pour mener une vie plus significative et plus épanouissante.

Cela dit, je vous invite à vous embarquer pour un voyage de découverte et de transformation avec les "Méditations de Marc Aurèle". Ce livre est une représentation captivante et stimulante de la sagesse intemporelle de l'empereur Marc Aurèle et de ses enseignements philosophiques.

Samuel Cartaxo

INTRODUCTION

— Un noble empereur à la sagesse stoïcienne et aux succès militaires

Marc Aurèle Antonin, né le 26 avril de l'an 121, est issu d'une famille noble qui se réclame de Numa, le deuxième roi de Rome. Le plus pieux des empereurs était donc issu de la lignée du plus religieux des premiers rois. Bien que ses parents soient morts jeunes, Marcus les a tenus en haute estime tout au long de sa vie.

1. De la noble lignée à l'empereur pieux : L'histoire de Marcus Aurelius Antoninus

Son grand-père, Annius Verus, avait occupé des fonctions importantes à Rome et avait été trois fois consul. À la mort de son père, Marcus est adopté par son grand-père et leur relation est étroite. Marcus était reconnaissant à son grand-père de lui avoir inculqué la douceur, la gentillesse et la maîtrise de soi, comme le révèle la toute première page de son livre.

L'empereur Hadrien reconnaît la qualité de caractère du jeune garçon, qu'il appelle Verissimus, ce qui signifie "plus véridique que son propre nom". Hadrien a promu Marcus au rang de cavalier à l'âge de six ans seulement, et l'a fait entrer dans la prestigieuse prêtrise salienne à l'âge de huit ans. La tante de Marcus, Annia Galeria

Faustina, était mariée à Antonin le Pieux, qui devint plus tard empereur. Comme Antonin n'avait pas de fils, il adopta Marcus, le renomma et le fiança à sa fille Faustine.

Marcus a reçu une excellente éducation sous la direction des meilleurs professeurs, qui lui ont enseigné la stricte doctrine de la philosophie stoïcienne, qu'il admirait beaucoup. Il a également appris à s'habiller sobrement, à éviter le luxe et à vivre simplement. En outre, les activités de plein air telles que la lutte, la chasse et les jeux l'ont aidé à développer sa force physique, malgré sa faible constitution. Il a fait preuve d'un immense courage personnel en affrontant les sangliers les plus féroces. Bien que le fanatisme ait dominé les factions de Rome au Cirque, où les chars de course adoptaient quatre couleurs, le rouge, le bleu, le blanc ou le vert, Marcus s'est abstenu de participer à la course ou aux émeutes et à la corruption qui l'accompagnaient.

2. L'ascension de Marcus : Du consul à la figure impériale honorée

En 140, Marcus est nommé consul. En 145, il se marie avec sa fiancée, Faustine, et accueille bientôt une fille dans leur famille. Deux ans plus tard, il est honoré du tribunat et d'autres distinctions impériales.

3. Empereurs en guerre : les campagnes brutales de Marc Aurèle et de Lucius Verus

Après la mort d'Antonin en 161, Marcus prend la succession de l'empereur et nomme rapidement L. Ceionius Commodus comme son collègue. Antonin avait adopté Commode et lui avait donné le nom de Lucius Aurelius Verus. À partir de ce moment, les deux hommes se partagèrent la responsabilité du pouvoir, Verus étant préparé à succéder à Marcus.

Marcus ne tarde pas à s'installer dans ses nouvelles fonctions avant qu'un conflit n'éclate à plusieurs endroits. Le roi des Parthes, Vologèse III, mène une longue rébellion et détruit une légion romaine entière en envahissant la Syrie en 162. Verus est dépêché sur place pour faire face à la situation, mais au lieu de s'acquitter de ses responsabilités, il se livre à des excès de boisson et à des comportements immoraux. En conséquence, les officiers durent gérer la guerre sans lui.

Peu après, Marcus dut faire face à la menace plus importante que représentait une puissante coalition de tribus à la frontière nord. Les Marcomans, les Quadi, les Sarmates, les Catti et les Jazyges sont parmi les plus importants, et la situation est aggravée par la peste et la famine à Rome. L'afflux des légions de Verus en provenance de l'est provoque une épidémie, tandis que les inondations détruisent les réserves de céréales. Bien qu'il ait été contraint de vendre les joyaux impériaux pour se procurer des fonds, Marcus n'est pas parvenu à endiguer la famine. Les deux empereurs doivent alors prendre les armes pour mener une lutte prolongée qui durera tout au long du règne de Marcus.

Ces campagnes furent brutales et intenses, et Verus mourut en 169. Bien que nous ne disposions pas d'informations détaillées sur les combats, nous savons qu'en fin de compte, les Romains ont été victorieux. Sous la direction de Marcus, les tribus barbares ont été écrasées et l'empire est devenu plus sûr. Le succès de ces campagnes n'est pas seulement dû aux prouesses militaires de Marcus, mais aussi à sa capacité à choisir des lieutenants compétents, comme Pertinax.

De nombreuses batailles importantes ont eu lieu pendant cette période. La bataille de la Légion tonnante contre les Quadi en 174 est particulièrement connue pour la légende qui lui est associée. Au début, l'ennemi semblait avoir l'avantage, mais un orage soudain de tonnerre et de pluie s'est levé, frappant de terreur les barbares, qui se sont enfuis en déroute. La légion, qui comptait de nombreux chrétiens, croyait que leurs prières avaient été exaucées et que l'orage avait été envoyé pour les aider. Le nom de la légion du tonnerre est associé à cette histoire, mais il n'est pas certain qu'elle soit vraie. Néanmoins, l'une des scènes gravées sur la colonne d'Antonin à Rome, qui commémore ces guerres, témoigne de l'intervention de la tempête.

4. Le soulèvement imprévu : Le voyage de Marcus face à un commandant perfide

Le règlement des derniers troubles aurait pu être plus satisfaisant si un soulèvement imprévu n'était survenu à l'est. Avidius Cassius, un commandant habile qui s'était illustré dans les guerres parthes, régnait alors sur les provinces orientales. Pour des raisons inconnues, il avait formé le projet de se proclamer empereur peu après la mort de Marcus, malade. Après avoir reçu des informations erronées sur la mort de Marcus, Cassius a mis son plan à exécution. Marcus, en apprenant cela, a négocié la paix en toute hâte et est rentré chez lui pour affronter ce nouveau danger. Son plus grand chagrin est d'avoir dû s'engager dans les horreurs de la guerre civile. Tout en reconnaissant les capacités de Cassius, Marcus espère sincèrement que ce dernier ne se fera pas de mal avant d'être gracié. Mais avant que Marcus n'arrive en Orient, on apprend que Cassius est vivant. Les partisans de Cassius l'abandonnèrent et il fut assassiné. Marcus se rend en Orient, où les assassins lui présentent la tête de Cassius. L'empereur rejette avec colère ce cadeau grotesque et refuse de recevoir en sa présence les responsables de l'assassinat.

5. Triomphe et tragédie : L'itinéraire d'un guerrier victorieux

Au cours de son voyage, sa femme Faustine décède. À son arrivée, l'empereur célèbre un triomphe en 176. Peu après, il retourne en Allemagne pour reprendre ses responsabilités en temps de guerre. Ses efforts militaires sont couronnés de succès. Cependant, les luttes de ses dernières années mettent à mal sa santé déjà fragile. Il s'éteint le 17 mars 180 en Pannonie.

6. Le tragique héritage familial d'un grand empereur : Triomphes, tragédies et trahisons

Malgré son succès, le grand empereur doit faire face à de nombreuses épreuves personnelles. Faustine, son épouse, a donné naissance à plusieurs enfants qu'il chérissait profondément. Leurs visages angéliques sont immortalisés par des sculptures dans d'innombrables galeries et évoquent les mêmes traits tranquilles de leur père. Malheureusement, chacun d'entre eux est décédé, ne laissant qu'un seul de ses descendants, le faible et méprisable Commodus, pour hériter du trône. À la mort de son père, Commodus signe précipitamment et bêtement un traité qui réduit à néant des années de campagnes réussies. Son règne tyrannique de douze ans a été marqué par sa brutalité et sa soif de sang. Le nom de Faustine a été sali par le scandale, l'accusant d'infidélité et d'avoir comploté avec Cassius pour organiser une rébellion qui lui a finalement coûté la vie. Toutefois, ces allégations manquent de preuves solides ; en outre, l'empereur l'aimait tendrement et n'a jamais remis en question sa loyauté.

7. Marcus : un soldat compétent et un administrateur prudent à l'héritage controversé

Marcus était un soldat compétent et efficace et un administrateur prudent et consciencieux. Il n'a pas essayé de remodeler le monde en fonction de ses convictions philosophiques, mais a plutôt suivi la voie éprouvée de ses prédécesseurs. Son principal objectif était de bien faire son travail et d'éviter la corruption. Cependant, il a pris des décisions peu judicieuses, comme la création d'un co-empereur avec Verus, qui a finalement conduit à la scission de l'Empire romain. Il a également trop centralisé l'administration civile.

C'est dans l'administration de la justice que Marcus s'est le plus illustré. Il a promulgué des lois qui protégeaient les faibles et les esclaves, a joué le rôle de père de substitution pour les orphelins, a créé des fondations caritatives pour les enfants pauvres, a protégé les provinces de l'oppression et a apporté de l'aide aux villes ou aux régions en crise.

Cependant, sa réputation est ternie par le traitement qu'il a réservé aux chrétiens. Pendant son règne, de nombreux chrétiens ont été persécutés et il n'a pas pris les mesures nécessaires pour qu'ils soient entendus équitablement. Même s'il ne connaissait pas l'ampleur des atrocités commises en son nom, il n'en a pas moins manqué à son devoir de protéger tous les citoyens sous son règne. Trajan, son prédécesseur, a mieux géré la situation.

8. La morale à Rome : La recherche de la vertu à travers le stoïcisme

Un individu avisé ne trouverait guère de réconfort dans les croyances religieuses défendues par Rome. Les demi-dieux et leurs contes étaient souvent absurdes ou fantastiques, et leurs enseignements abordaient à peine le sujet de la moralité. La religion romaine était essentiellement un échange : les gens offraient des rituels et des offrandes spécifiques, et en retour, les dieux leur accordaient leurs désirs, que leurs actions soient bonnes ou mauvaises. Par conséquent, tous les individus pieux étaient obligés de se tourner vers la philosophie, ce qui était également le cas en Grèce, bien que dans une moindre mesure.

Sous le premier empire, deux écoles philosophiques concurrentes dominent la scène : le stoïcisme et l'épicurisme. Bien que les deux écoles aient ostensiblement promu des idéaux similaires – à savoir que les stoïciens cherchaient à atteindre l'ἀπάθεια, ou la suppression des émotions, tandis que les épicuriens visaient l'ἀταραξία, ou l'absence de perturbations – les résultats se sont avérés très différents. Aujourd'hui, l'un est assimilé à une persévérance acharnée, tandis que l'autre implique une indulgence débridée. Bien que nous ne nous attardions pas sur l'épicurisme à ce stade, il serait utile de donner un aperçu de l'histoire et des croyances du stoïcisme.

9. Le berceau du stoïcisme : Explorer la vie et l'héritage de Zénon à Chypre

Zénon, le fondateur du stoïcisme, est né à Chypre entre 350 et 250 avant J.-C. Carrefour culturel entre l'Orient et l'Occident, Chypre a pu exposer Zénon à des influences orientales, mais toute ascendance phénicienne supposée n'a pas d'importance car les Phéniciens n'étaient pas connus pour leurs travaux philosophiques. L'éducation de Zénon auprès du cynique Crates a été complétée par l'exploration d'autres systèmes philosophiques. Combinant ses recherches avec des idées personnelles, il établit plus tard sa propre école à Athènes, connue sous le nom de Porche peint ou Stoa, d'où les stoïciens tirent leur nom. Chrysippe (280-207 av. J.-C.) est, après

Zénon, le deuxième personnage le plus important à avoir façonné l'école du Porche. Il a systématisé le stoïcisme et est connu pour ses contributions à l'école.

10. Dévoiler la vertu stoïcienne : comprendre les trois branches de la philosophie

Les stoïciens considéraient la spéculation comme une fin, cette fin étant de vivre de manière cohérente, c'est-à-dire en conformité avec la nature. Se conformer à la nature était le concept stoïcien de la vertu. Toutefois, cette idée peut facilement être interprétée à tort comme signifiant que suivre les pulsions naturelles équivaut à la vertu, ce qui est loin d'être la vérité dans la philosophie stoïcienne. Pour vivre en accord avec la nature, il est important de comprendre ce qu'elle est vraiment. C'est pourquoi la philosophie se divise en trois branches : La physique, qui analyse l'univers et ses lois, la gouvernance divine et la téléologie ; la logique, qui aiguise l'esprit pour différencier le vrai du faux ; et l'éthique, qui met ces connaissances en pratique.

11. Le matérialisme rencontre le panthéisme : Découvrir la puissance spirituelle de l'école de pensée stoïcienne

L'école de pensée stoïcienne a adopté une philosophie matérialiste avec une touche de panthéisme. Contrairement à la croyance de Platon selon laquelle seules les idées ou prototypes des phénomènes ont une existence réelle, les stoïciens soutenaient que les objets physiques étaient les seules entités existantes. Toutefois, ils reconnaissaient l'existence d'un pouvoir spirituel profondément ancré dans l'univers physique, qui s'exprimait sous diverses formes telles que le feu, l'éther, l'esprit, l'âme, la raison saine et le principe directeur.

12. La voie stoïcienne vers l'unité avec le divin : Vertu et providence dans l'univers

L'univers est Dieu, les dieux populaires n'en étant que des manifestations. Les légendes et les mythes sont de nature allégorique. L'âme humaine est une émanation de la divinité et sera finalement réabsorbée en elle. Le principe directeur divin veille à ce que tout fonctionne ensemble pour le plus grand bien de l'ensemble. Pour l'homme, le bien suprême est de travailler consciemment avec Dieu pour le bien commun, et c'est ce que les stoïciens aspiraient à faire en vivant en harmonie avec la nature. Seule la vertu permet aux individus d'y parvenir. Tout comme la Providence gouverne l'univers, la vertu doit gouverner l'âme de l'homme.

13. Libérer la puissance du système stoïcien : Découvrir le critère et la vertu de la vie

Le système stoïcien est connu pour son approche unique du test de vérité, à savoir le critère. Ils comparent l'âme naissante à une feuille de papier vierge qui attend d'être écrite. Les sens laissent leurs impressions, ou φαντασίαι, qui conduisent finalement l'âme à former inconsciemment des notions générales ou κοιναὶ ἔννοιαι, également appelées anticipations ou προλήψεις. Lorsqu'une impression est trop forte pour y résister, on parle de καταληπτικὴ φαντασία, c'est-à-dire d'une "perception qui tient", c'est-à-dire qui découle de la vérité. Le stoïcien testait les idées ou les déductions produites artificiellement à travers cette perception d'attente. En ce qui concerne l'application éthique, le bien le plus élevé est considéré comme la vertu de vie. Pour les stoïciens, seule la vertu permet d'atteindre le bonheur, tandis que le vice ne mène qu'au malheur. Ils soutenaient qu'il n'y a pas de gradation entre la vertu et le vice, et que les choses extérieures, telles que la santé, la maladie, la richesse, la pauvreté, le plaisir et la douleur sont ἀδιάφορα, ou indifférentes, fournissant simplement un cadre pour l'action de la vertu. Le sage idéal est αὐτάρκης, autosuffisant, et grâce à cette connaissance, il est satisfait même lorsqu'il souffre. Bien qu'aucun d'entre eux n'ait prétendu être ce sage, ils le considéraient comme un idéal vers lequel tendre, tout comme les chrétiens s'efforcent de devenir semblables au Christ. Plus tard, les stoïciens ont subdivisé les choses indifférentes en ce qui est préférable (προηγμένα) et ce qui est indésirable (ἀποπροηγμένα). Ils croyaient aussi que certaines actions étaient convenables (καθήκοντα) pour ceux qui n'avaient pas encore obtenu la sagesse parfaite, tenant une place intermédiaire comme les choses indifférentes.

14. La philosophie stoïcienne : La maîtrise de soi et l'unité mondiale

La philosophie stoïcienne présente deux aspects remarquables, qui méritent qu'on s'y attarde. Tout d'abord, elle distingue méticuleusement les éléments qui sont sous notre contrôle et ceux qui sont hors de notre contrôle. La volonté humaine contrôle les émotions telles que le désir, l'aversion, l'opinion et l'affection. À l'inverse, les possessions telles que la santé, la richesse ou le statut restent hors de notre contrôle. Le stoïcisme renforce la maîtrise de soi sur les émotions et les opinions, et aligne l'être tout entier sous la direction de la volonté, comme la Providence divine gouverne l'univers. Ce concept reflète la vertu grecque de modération (σωφροσύνη) et trouve également un écho dans l'éthique chrétienne.

Deuxièmement, le stoïcisme met l'accent sur l'unité de l'univers et la responsabilité de l'individu en tant que partie d'un énorme tout. Le monde antique reconnaissait l'esprit public comme une noble vertu politique qui trouve son prolongement dans le cosmopolitisme. Il est remarquable que les sages chrétiens aient eux aussi repris ce concept, en mettant l'accent sur la fraternité mondiale, où les différences telles que le grec ou l'hébreu, l'esclave ou le libre ne divisent pas, et où les croyants vivent en tant que compagnons de travail avec Dieu.

15. La philosophie religieuse des méditations de Marc Aurèle : Une force douce et motivante dans le stress d'une vie de haut niveau

Le système qui sous-tend les Méditations de Marc Aurèle est essentiel pour comprendre le message du livre, mais notre intérêt premier est ailleurs. Nous ne nous tournons pas vers Marc Aurèle pour obtenir une leçon complète sur le stoïcisme. Il ne cherche pas à établir une doctrine pour ses élèves, comme le ferait un directeur d'école. Marc Aurèle ne prévoit même pas que d'autres liront ce qu'il écrit. Sa philosophie découle plutôt d'un profond sentiment religieux que d'une recherche intellectuelle fervente. Contrairement à la rigidité de Zénon ou de Chrysippe, ses croyances sont plus douces et plus souples grâce à son respect, sa tolérance, son honnêteté et sa gentillesse. Elles lui permettent de transformer la sombre résignation typique d'un sage stoïcien en une force de motivation. Son livre fait état de ses pensées les plus intimes et sert à les libérer. Il contient également des préceptes moraux et des réflexions qui l'aident à faire face au stress du devoir et aux innombrables distractions de sa vie très médiatisée.

16. Du stoïcisme au christianisme : La quête de la paix intérieure et de l'amélioration de soi

Il est instructif de comparer Méditations avec un autre livre renommé, Imitation du Christ. Les deux livres prônent la maîtrise de soi, en mettant l'accent sur le dépassement de soi et sur le fait de devenir plus fort chaque jour. Pour atteindre la paix intérieure, nous devons apprendre à résister à nos passions. L'Imitation recommande un examen de conscience quotidien, soit le matin, soit avant de dormir, pour réfléchir à nos actions et à nos pensées.

Alors que le stoïcisme prône une modeste autonomie, le christianisme prône l'humilité, la douceur et la confiance en la présence de Dieu et l'amitié personnelle. Bien que les deux philosophies exhortent leurs adeptes à se détacher des biens de ce monde, le christianisme se concentre principalement sur le renoncement, tandis que le stoïcisme met l'accent sur le devoir.

Tant les stoïciens que les chrétiens perçoivent l'homme comme un être social qui a besoin d'un soutien et d'une assistance constants. Les chrétiens encouragent l'importance du zèle, de l'émotion exaltée et de l'absence de tiédeur, tandis que les stoïciens mettent l'accent sur l'accomplissement de nos devoirs au mieux de nos capacités.

Enfin, les deux religions reconnaissent l'insignifiance du monde. Alors que les chrétiens considèrent la vie sur terre comme misérable, éphémère, avec peu de moments heureux, par exemple, les stoïciens soulignent que ce monde n'est jamais suffisant. Les jours de la vie passent brusquement comme des ombres.

17. Libérer l'authenticité intérieure : Explorer l'âme de Marc Aurèle

L'une des principales différences entre les deux livres étudiés est que L'Imitation s'adresse aux autres, alors que Les Méditations sont tournées vers l'intérieur, vers l'auteur lui-même. L'Imitation ne donne aucun aperçu de la vie personnelle de l'auteur, mais seulement de son adhésion à ses propres enseignements. À l'inverse, les Méditations offrent une exploration intime et franche de la psyché de l'auteur.

Bien qu'il s'agisse de notes personnelles, les Méditations ne sont ni complaisantes ni moralisatrices. Les confessions peuvent souvent donner l'impression d'être conscientes d'elles-mêmes, avec le risque d'être moralisatrices ou grossières. Même saint Augustin et John Bunyan, malgré toutes leurs bonnes intentions, sont connus pour exagérer leurs méfaits. En revanche, Marc Aurèle est sincère et sans prétention, et n'a pas besoin d'impressionner son auditoire. Même s'il n'est pas le philosophe le plus profond, son authenticité transparaît. C'est une âme pure et sereine.

Les vices courants ne semblent pas le tenter ; il ne lutte pas pour se libérer des chaînes de la dépendance. Les défauts qu'il reconnaît en lui sont souvent des défauts mineurs que la plupart des gens ne remarqueraient même pas. Pour servir l'esprit divin, il faut rester pur des passions violentes et des émotions négatives, y compris la vanité et le mécontentement par rapport à l'homme et à Dieu. Il souligne également l'importance d'une bienveillance et d'un respect inébranlables : "Peu importe ce que quelqu'un fait ou dit, soyez bon envers lui... Si quelqu'un est impoli, montrez-lui de la gentillesse".

Si les autres peuvent nous offenser, l'empereur nous rappelle que ce n'est qu'envers eux-mêmes qu'ils sont vraiment offensés. C'est pourquoi, au lieu de la colère, nous devons leur offrir de la compassion. Ceux qui ont besoin d'être corrigés doivent être traités avec soin et sensibilité, et il faut toujours être prêt à apprendre et à progresser. "La meilleure vengeance consiste à ne pas devenir comme eux", conseille-t-il. De nombreux exemples de pardon émaillent le texte, ce qui laisse penser que ces notes ont été prises dès que possible après les incidents qu'elles éclairent. Peut-être les a-t-il écrites pour se rappeler ses principes directeurs et y rester fidèle à l'avenir.

L'histoire d'Avidius Cassius, qui a tenté de renverser Marcus du trône, illustre l'application inébranlable par l'empereur de ses propres convictions. Le mal doit être vaincu par le bien, car la nature nous a dotés de traits de caractère vertueux pour contrebalancer nos défauts. Par exemple, contre les ingrats, nous avons reçu la bonté et la douceur comme antidotes.

18. D'ennemis à amis : Le cœur d'un écrivain reconnaissant

Une personne qui est gentille avec ses ennemis a toutes les chances d'être un ami loyal. C'est certainement le cas de l'écrivain, dont les pages sont remplies d'expressions de gratitude envers ceux qui l'ont aidé. Dans son premier livre, il fait le point sur toutes les dettes qu'il a contractées auprès de sa famille et de ses mentors. Il attribue à son grand-père sa douceur, à son père son sens de la pudeur et son courage, à sa mère sa religiosité et sa générosité. Son mentor Rusticus n'a pas perdu son temps pour guider l'écrivain vers une vie meilleure. Apollonius lui a inculqué la simplicité, la raison, la gratitude et l'amour de la vraie liberté. La liste est longue. Toutes les personnes que l'écrivain a rencontrées semblent lui avoir laissé quelque chose de positif, ce qui témoigne de la bonté de son caractère, car il a toujours pris le meilleur des autres.

19. Une âme vertueuse mais douteuse : examen des idéaux infidèles d'un penseur philosophique

S'il possédait un cœur honnête et sincère, qui incarne l'idéal chrétien, il est encore plus remarquable qu'il n'ait pas eu la foi qui est l'épine dorsale du christianisme. Il a reconnu la possibilité de l'existence de Dieu, déclarant que si Dieu existe, alors tout va bien, mais que même si les choses arrivent par hasard, on peut toujours utiliser sa propre providence pour naviguer dans la vie. Il admet également qu'il existe une force qui gouverne l'univers, mais il se considère comme un minuscule grain de sable dans le grand ordre des choses, sans espérer un bonheur personnel supérieur à celui qu'une âme paisible peut atteindre dans la vie terrestre. De même, il aspirait à un moment où son âme serait pure et transparente, libérée du corps mortel qui l'enferme ; cependant, il s'agissait d'atteindre un contentement intérieur, sans lien avec une émancipation physique du corps.

En outre, il considérait le monde, ses attraits de richesse et de célébrité, comme vains et vides. Il pensait que les dieux avaient peut-être un intérêt général pour lui, mais que leur préoccupation première était l'univers dans son ensemble. Ses dieux étaient supérieurs aux divinités stoïciennes qui étaient apathiques et indifférentes aux affaires humaines, mais son espoir personnel n'était pas beaucoup plus fort. Il ne parlait guère de la mort, malgré ses fréquentes allusions, mais il est probable qu'il envisageait la fusion de son âme avec l'âme universelle, étant donné que rien ne sort du néant et que rien ne peut être effacé. Il était résolu, mais lassé dans sa disposition ; il accomplissait ses devoirs comme un soldat dévoué, anticipant la sonnerie du clairon qui signale la fin des efforts de la journée. Contrairement à Socrate, qui a vécu une vie d'une vertu comparable et qui a accueilli la mort comme une porte vers la transcendance et une audience avec les dieux qu'il servait et respectait, il n'avait pas un esprit confiant et plein d'entrain.

20. L'éveil de Marc Aurèle : Chercher le sens au-delà de l'absorption

Bien que Marc Aurèle ait cru que son âme était destinée à être absorbée et à perdre conscience d'elle-même, il y a eu des moments où il s'est rendu compte à quel point ce credo était insatisfaisant. Dans ces moments-là, il a cherché quelque chose de moins vide et de moins vain. Il a écrit : "Tu as pris le bateau, tu as navigué, tu es arrivé à terre ; sors, si c'est pour une autre vie, là aussi tu trouveras les dieux, qui sont partout". Cette déclaration va au-delà de l'hypothèse d'une théorie rivale pour les besoins de l'argumentation. Si les choses du monde ne sont qu'un rêve, il peut y avoir un éveil à ce qui est vraiment réel.

En parlant de la mort comme d'un changement nécessaire, il reconnaît que rien d'utile et de profitable ne peut être créé sans changement. Peut-être se souvenait-il du changement dans un grain de blé qui n'est pas vivifié tant qu'il n'est pas mort. La remarquable capacité de la nature à recréer à partir de la corruption ne se limite pas aux seules choses physiques. Nombre de ses idées ressemblent à de lointains échos de saint Paul. Il est ironique que le plus chrétien des empereurs n'ait rien eu de positif à dire sur les chrétiens, les qualifiant plutôt de sectaires "violemment et passionnément attachés à l'opposition".

21. Des rites à la droiture : Le chemin éprouvé de Marc Aurèle vers une vie en pleine conscience

Ces méditations ne sont pas aussi profondes que la philosophie, mais Marc Aurèle était suffisamment sincère pour reconnaître l'essence des expériences qu'il rencontrait. Les religions antiques se concentraient principalement sur les pratiques extérieures - accomplir les rites nécessaires pour apaiser les dieux - même si ces rites étaient parfois insignifiants ou violaient les principes éthiques. Même lorsque les dieux approuvaient la droiture, ils s'intéressaient davantage à l'action qu'à l'intention. Marc Aurèle, quant à lui, savait que les pensées d'une personne déterminaient ses actions. "Votre esprit sera façonné par ce à quoi vous pensez souvent", écrivait-il, montrant ainsi qu'il comprenait comment les pensées conduisent inévitablement aux actes. Il a formé son âme aux bons principes afin que, le moment venu, il soit guidé par eux. Attendre qu'une situation d'urgence se présente serait trop tard. Chaque page de son livre le confirme.

22. La vérité sur le bonheur : Pourquoi le plaisir seul ne suffit pas

Il comprend également la nature authentique du bonheur. Il s'interroge : "Si le bonheur ne pouvait se trouver que dans le plaisir, pourquoi les voleurs infâmes, les individus immoraux, les meurtriers et les tyrans connaissent-ils eux aussi le plaisir en abondance ?". Quelqu'un qui a eu accès à tous les plaisirs du monde écrit : "Le vrai bonheur réside dans un cœur pur, de nobles aspirations et des actes vertueux."

23. Le gentil guerrier : comment un improbable empereur a ramené la paix à Rome

Par un coup du sort, cet homme, qui incarnait la douceur, la bonté et le désir d'une existence insouciante, s'est retrouvé à la tête de l'Empire romain à une époque de grands périls venant des fronts orientaux et occidentaux. Il a dirigé personnellement ses armées pendant plusieurs années, même lorsqu'il était campé devant les Quadi, où il a écrit le premier livre de ses Méditations, qui montre sa capacité à trouver le réconfort en lui-même au milieu des bruits tumultueux de la guerre.

Malgré son dédain pour le faste et l'apparat qui accompagnent sa fonction, les devoirs de son rôle deviennent sa seule préoccupation, qu'il accomplit avec un sens inébranlable du devoir. Contrairement à la plupart des hommes, ce n'est pas l'ambition ou les rêves de gloire qui l'animent, mais une lourde série de tâches fastidieuses. Néanmoins, il les accomplissait sans faillir, car il savait que le sort de l'empire dépendait de sa capacité à le faire. Ses batailles ont pu être longues et prolongées, mais elles ont finalement été couronnées de succès. En homme d'État avisé, il a su prévoir le danger imminent que représentaient les hordes barbares du Nord et a pris des mesures préventives pour protéger Rome. Ses décisions ont permis à l'Empire romain de connaître une période de paix ininterrompue qui a duré deux siècles. S'il avait pu atteindre son objectif de repousser les frontières impériales jusqu'à l'Elbe, il aurait accompli encore plus. Malheureusement, la mort a mis un terme à ses ambitions.

24. La vie et la fin paradoxales de Marc Aurèle : L'héritage d'un guerrier pacifique

Marc Aurèle a eu une chance unique de démontrer le pouvoir de l'esprit, même face à des circonstances défavorables. C'était un guerrier pacifique et un dirigeant exceptionnel qui accordait de l'importance à la tranquillité et au contentement dans sa vie familiale. Il est resté humble malgré la grandeur à laquelle il était destiné et a été un père aimant, bien que ses enfants soient morts jeunes ou se soient révélés indignes. Sa vie était pleine de contradictions apparentes. Il finit par trouver la mort devant l'ennemi dans un camp militaire, après avoir accompli tout ce qu'il pouvait faire.

LIVRE 1

— Vivre une vie de compassion et d'objectifs

Avoir de la compassion et un but. Nous pouvons nous inspirer du père de Marcus, qui nous a rappelé l'humanité commune à tous les êtres humains. Nous pouvons créer des relations significatives et œuvrer pour la justice avec gentillesse, en ayant un impact positif sur notre monde. Il est essentiel de trouver un équilibre, d'éviter les problèmes et de chérir la paix intérieure. En gardant ces principes à l'esprit, nous pouvons construire une vie utile et épanouissante qui nous profite à nous-mêmes et aux autres.

1. L'héritage du grand-père Verus : De la bonne morale à la maîtrise des émotions

Mon grand-père Verus m'a inculqué une bonne morale et m'a appris à contrôler mes émotions.

2. Le pouvoir de la modestie et de la masculinité dans la construction d'une réputation : Les leçons de mon père

D'après la réputation et les souvenirs de mon père, il est important de posséder à la fois de la modestie et un caractère fort et masculin.

3. Les leçons de ma mère : Le pouvoir de la piété, de la générosité et d'un mode de vie simple

Ma mère m'a inculqué un sens aigu de la piété et de la générosité, ainsi qu'un engagement à m'abstenir non seulement des mauvaises actions, mais aussi des pensées négatives. En outre, elle m'a appris à mener un style de vie simple, qui n'a rien à voir avec les extravagances des riches.

4. Leçons du pays : comment l'investissement de mon arrière-grand-père dans l'éducation a porté ses fruits

Mon arrière-grand-père n'a pas fréquenté les écoles publiques, mais il a eu d'excellents professeurs à domicile. Il croyait qu'il fallait dépenser généreusement pour ce genre de choses.

5. Les sages leçons du gouverneur sur la politique, l'éthique et la conduite dans les jeux anciens

Mon gouverneur m'a appris à ne pas m'allier au parti vert ou bleu lors des jeux du cirque, ni à soutenir les factions Parmularius ou Scutarius lors des combats de gladiateurs. Il m'a également inculqué les valeurs du travail, de la frugalité, de l'autosuffisance, de la gestion de ses propres affaires et du refus des commérages.

6. Adopter la philosophie et la simplicité spartiate : Apprendre de Diognète

De Diognète, j'ai appris à ne pas perdre mon temps en futilités, à rejeter les prétentions des charlatans et des prestidigitateurs qui prétendent avoir le pouvoir d'exorciser les démons et d'accomplir d'autres exploits surnaturels. Je me suis abstenu d'élever des cailles pour le combat ou de m'engager dans des activités aussi frivoles. Au lieu de cela, j'ai embrassé la liberté d'expression et me suis plongé dans la philosophie, devenant l'élève de Bacchius, puis de Tandasis et enfin de Marcianus. Dans ma jeunesse, j'ai écrit plusieurs dialogues et j'ai aspiré à vivre une vie de simplicité spartiate, choisissant de dormir sur un lit en planches de bois et de n'utiliser que le strict nécessaire, en respectant les coutumes de la Grèce antique.

7. Leçons de discipline : L'influence de Rusticus sur mon développement personnel

Rusticus m'a fait comprendre que mon caractère avait besoin d'être amélioré et discipliné. Il m'a appris à éviter les émulations sophistiques, les écrits spéculatifs et les discours d'encouragement insignifiants. Il m'a conseillé de ne pas faire étalage de ma discipline ou de mes actes de bienveillance, et de me tenir à l'écart de la rhétorique, de la poésie et de l'écriture fantaisiste. Il m'a également déconseillé de me promener dans la maison avec mes vêtements d'extérieur ou de m'engager dans des activités similaires.

De plus, Rusticus m'a appris à écrire des lettres avec simplicité, comme celle qu'il a écrite à ma mère depuis Sinuessa. Il a également insisté sur l'importance d'être facilement apaisé et réconcilié avec ceux qui m'ont fait du tort.

En outre, Rusticus m'a inculqué l'habitude de lire attentivement et de ne pas me contenter d'une compréhension superficielle d'un livre. Il m'a averti de ne pas être hâtivement d'accord avec ceux qui parlent trop.

Je remercie Rusticus de m'avoir fait découvrir les discours d'Épictète, qu'il m'a transmis à partir de sa collection personnelle.

8. La sagesse d'Apollonios : Leçons sur la liberté de la volonté et la détermination inébranlable

J'ai appris d'Apollonius la liberté de la volonté et la détermination inébranlable. Il m'a appris à me concentrer uniquement sur la raison et à rester ferme face à des douleurs aiguës, à la perte d'un enfant et à de longues maladies. Il a démontré, par son propre exemple, que l'on peut être à la fois résolu et conciliant, et jamais irritable lorsqu'il s'agit de transmettre la sagesse. J'ai observé qu'Apollonios considérait son expérience et son habileté à expliquer les principes philosophiques comme sa plus petite réussite. Il m'a appris à accepter les faveurs de mes amis sans me sentir humilié ou méprisé.

9. La nature bienveillante et posée de Sextus : Mener une vie en harmonie avec la nature

On se souvient de Sextus pour sa nature bienveillante et son exemple de père de famille. Il croyait en une vie en harmonie avec la nature et se comportait avec une gravité naturelle, sans aucune affectation. Il mettait un point d'honneur à veiller au bien-être de ses amis et était assez patient pour tolérer les opinions imprudentes et hâtives des autres. Sextus avait la capacité unique de s'adapter à n'importe quelle situation, ce qui rendait ses échanges agréables, bien plus agréables que n'importe quelle flatterie. Ceux qui l'ont connu l'ont également tenu en haute estime. Il avait une approche intelligente et méthodique de la vie, utilisant sa perspicacité pour découvrir et organiser les principes nécessaires à une existence épanouie. Sextus était toujours calme et pondéré, ne cédant jamais à la colère ou à d'autres passions. Il était connu pour sa nature affectueuse et pouvait exprimer son approbation sans se vanter ni faire de bruit. En outre, il était incroyablement cultivé, sans jamais ressentir le besoin de se montrer ou de paraître ostentatoire.

10. Alex le grammairien : Maîtriser la correction avec tact pour une communication efficace

Alexandre, le grammairien, déconseille la recherche de fautes et déconseille de faire des reproches à ceux qui utilisent des expressions étranges ou incorrectes. Il suggère plutôt d'introduire habilement l'expression correcte sous la forme d'une confirmation, d'une interrogation ou d'une suggestion concernant le sujet, et non le mot lui-même.

11. Les leçons de Fronto : Révéler la tyrannie, l'envie, la duplicité, l'hypocrisie et la négligence parentale chez les élites patriciennes

J'ai appris de Fronto à observer les manifestations d'envie, de duplicité et d'hypocrisie chez une personne tyrannique. De plus, j'ai découvert que les personnes que l'on appelle communément patriciens manquent souvent d'affection parentale.

12. L'éthique impeccable d'Alexandre le Platon : Concilier responsabilité et temps

Alexandre le Platon trouve rarement nécessaire de déclarer, en parole ou par écrit, qu'il manque de temps libre. Il évite également d'utiliser les questions urgentes comme excuse pour négliger ses responsabilités envers son entourage.

13. Leçons d'amitié, de respect et d'éducation tirées de Catulus, Domitius et Athénodote

Catulus m'a appris à ne pas rester indifférent lorsqu'un ami trouve à redire, même s'il le fait sans raison. Au contraire, je dois essayer de le ramener à son état d'esprit habituel. De plus, il est important de faire l'éloge des professeurs, comme le faisaient Domitius et Athénodote. Et surtout, j'aime mes enfants de tout mon cœur.

14. Leçons de principes et de politique : L'impact de mon frère Severus sur mes idéaux

Mon frère Severus m'a appris à aimer ma famille, la vérité et la justice. Il m'a fait découvrir Thrasea, Helvidius, Caton, Dion et Brutus, et grâce à lui, j'ai développé le concept d'une société où la loi s'applique de manière égale à tous, où chacun a les mêmes droits, la liberté d'expression, et une monarchie qui valorise la liberté de ses sujets. Il m'a inculqué un sens de la cohérence et un engagement inébranlable envers la philosophie, une volonté de faire le bien et d'aider les autres, ainsi qu'une vision positive de la vie. J'ai appris de lui l'importance d'être transparent dans ses convictions, et il n'a jamais caché ses opinions sur les personnes qu'il désapprouvait, pas plus qu'il n'a gardé ses désirs ou ses pensées pour lui. Ce qu'il voulait était évident, et ses amis n'avaient pas à le deviner.

15. Maximus : L'art de l'autonomie et de la droiture inflexible

Maximus m'a appris l'art de se gouverner soi-même et de ne pas se laisser influencer par des facteurs extérieurs. Il m'a également enseigné l'importance de garder une attitude joyeuse, même face à l'adversité et à la maladie. Son caractère moral était un équilibre délicat entre douceur et dignité, et il ne montrait aucun signe de complaisance face à n'importe quelle tâche.

Ce que j'admirais le plus chez Maximus, c'est qu'il disait toujours ce qu'il pensait avec honnêteté et sincérité. Il n'avait jamais d'intentions malveillantes, et ses actions reflétaient ses intentions pures. Il ne semblait jamais surpris ou pressé, et ne remettait jamais à plus tard ce qui devait être fait. Maximus était toujours calme en toute circonstance, et n'essayait pas de cacher sa contrariété par des rires. Malgré cela, il ne devenait jamais trop passionné ou soupçonneux.

Maximus a mené une vie de réelle bienveillance et de pardon, et a toujours été sincère. Il incarnait l'image d'un homme qui savait toujours ce qui était juste ; il n'avait pas besoin d'être amélioré. Son comportement dégageait une impression de droiture inébranlable qui lui valait le plus grand respect de la part de tous ceux qui l'entouraient.

En plus de ses qualités impressionnantes, Maximus était léger et avait le don de l'humour, ce qui mettait tout le monde à l'aise autour de lui.

16. Humble et vertueux : un portrait de mon père

J'ai observé le tempérament doux de mon père, sa détermination inébranlable après mûre réflexion et son humilité sincère à l'égard des honneurs. Il possédait une solide éthique de travail et une grande persévérance, et il était prêt à écouter les propositions en faveur du bien public. Il traitait chacun comme il le méritait et avait acquis des connaissances grâce à des expériences qui lui avaient appris quand il fallait agir avec vigueur ou faire preuve de retenue. Il avait surmonté toute tentation envers les garçons et ne se considérait pas plus spécial que n'importe quel autre citoyen. Il n'exigeait jamais de ses amis qu'ils dînent avec lui ou qu'ils l'accompagnent, et il restait cohérent dans son traitement de ceux qui ne pouvaient pas le faire. Il étudiait soigneusement toutes les délibérations en faisant preuve de persévérance et refusait de se contenter des apparences superficielles. Il était loyal envers ses amis, sans pour autant s'attacher à eux, tout en restant joyeux et toujours prêt à faire face à des situations futures, aussi infimes soient-elles. Il était également vigilant et ne tenait pas compte des applaudissements populaires ou des flatteries, tout en gérant l'empire et les dépenses, et en acceptant patiemment les critiques à ce sujet. Il n'a jamais été superstitieux à l'égard des dieux et n'a jamais cherché à obtenir leur approbation par la flatterie ou l'offre de cadeaux. Au contraire, il a vécu modestement et humblement, s'éloignant de tout extrême. Il appréciait les biens que la fortune lui accordait, sans arrogance, en faisant preuve d'un manque d'affectation, et ne se languissait jamais d'eux lorsqu'ils étaient absents. Il n'était ni un pédant, ni un sophiste, ni un esclave désinvolte bien de chez nous, mais plutôt un homme accompli doté d'excellentes capacités de gestion. Il honorait les vrais philosophes, mais ne critiquait pas ceux qui n'étaient pas authentiques. Il s'engageait dans des conversations agréables sans faux semblants, tout en prenant soin de sa santé physique sans être vaniteux sur son apparence. Il n'avait pas souvent besoin de médecins grâce à ses efforts pour mener une vie saine, et il appréciait et encourageait les personnes dotées de talents uniques, tels que l'éloquence ou les connaissances juridiques. Il a toujours agi conformément aux institutions de son pays, sans faire preuve de suffisance. Il préférait la stabilité et la cohérence, changeant rarement ses habitudes et restant concentré sur ses activités préférées. Après avoir souffert de maux de tête, il reprenait instantanément sa routine habituelle avec une vigueur renouvelée. Ses secrets sont rares, mais ils ne concernent que les affaires publiques. Il a fait preuve d'une gestion efficace, comme l'utilisation prudente et économique des ressources dans les travaux publics et la construction, ainsi que dans les spectacles publics. Il ne cherchait pas à tirer un profit personnel de sa réputation, mais agissait en accord avec son sens moral. Il se baignait à des heures appropriées, ne cherchait pas à construire des maisons extravagantes et n'accordait pas d'importance à la couleur ou à la texture des vêtements. Il s'habillait principalement avec des vêtements du Lorium ou du Lanuvium. On sait comment il a traité le péager de Tusculum qui l'a supplié de lui pardonner, et il s'est comporté de la même manière dans tous les cas. Il n'était ni dur, ni impitoyable, ni excessif. Au contraire, il examinait tout de manière logique, attentive et cohérente, comme si le temps était surabondant. Il pouvait s'abstenir ou apprécier certaines choses que d'autres ne pouvaient pas sans devenir excessif. Sa capacité à rester fort dans ces deux aspects démontrait l'invincibilité de son âme, comme le montre le traitement qu'il a réservé à Maximus pendant la maladie de ce dernier.

17. Compter mes bénédictions : Un point de vue reconnaissant sur la vie

Je suis reconnaissant aux dieux pour les nombreuses bénédictions dont j'ai bénéficié dans ma vie. Ma famille, mes professeurs, mes amis et mes associés ont tous été bons avec moi. Je suis également reconnaissant de n'avoir jamais été tenté d'offenser les dieux, même si je possède une nature qui aurait pu me conduire sur cette voie.

Je dois aux dieux de ne pas avoir été élevé avec la concubine de mon grand-père et de ne pas avoir eu d'activité sexuelle avant le moment opportun. Je suis reconnaissant à mon père de m'avoir enseigné que l'on peut vivre dans le luxe sans avoir besoin de gardes, de vêtements coûteux ou d'étalages ostentatoires.

Je suis également reconnaissante de l'influence de mon frère, qui m'a aidée à devenir plus consciente de moi-même et plus vigilante. En outre, je suis reconnaissante que mes enfants n'aient pas eu à faire face à des défis physiques ou intellectuels.

Bien que je n'aie pas excellé dans certains domaines d'étude, je suis reconnaissant d'avoir eu l'occasion d'apprendre auprès de grands professeurs tels qu'Apollonius, Rusticus et Maximus. Grâce à leurs enseignements, j'ai acquis une compréhension profonde de ce que signifie vivre en accord avec la nature.

Mon corps a bien résisté au fil des ans, malgré les difficultés que j'ai rencontrées. Je suis reconnaissant de n'avoir jamais agi en fonction de mes sentiments amoureux envers Benedicta ou Theodotus, et d'avoir été capable de surmonter ces sentiments.

Je suis reconnaissant à ma mère d'avoir été présente pendant ses dernières années et d'avoir pu aider les autres en cas de besoin. Je suis également reconnaissant à ma femme obéissante et aimante, ainsi qu'aux excellents enseignants qui ont guidé mes enfants.

Enfin, je suis reconnaissant de ne pas avoir perdu mon temps dans des activités frivoles telles que la sophistique, l'histoire ou l'étude de l'astrologie. Au lieu de cela, je me suis concentré sur une vie épanouie et honnête, grâce aux dieux.

LIVRE 2

— Découvrir une existence pleine de sens

Profitez de chaque instant et prenez votre vie en main. Il est important de s'abstenir de tout comportement immoral et d'embrasser la vie au lieu de craindre la mort. Il est essentiel de vivre dans le présent, et prendre le temps de comprendre les croyances et les présomptions des autres peut vous aider à atteindre la lucidité et la sérénité. En adoptant ces principes, vous pourrez trouver un plus grand but et une plus grande satisfaction dans votre vie quotidienne.

1. Embrasser la bonté et vaincre la laideur : Comment commencer la journée avec un état d'esprit positif

Commencez votre journée en vous rappelant que vous pouvez rencontrer des personnes curieuses, ingrates, pompeuses, malhonnêtes et jalouses. Ces personnes se comportent ainsi en raison de leur manque de connaissance du bien et du mal. Cependant, j'ai compris que la bonté est belle et la laideur repoussante. De plus, ceux qui font le mal sont comme moi, non seulement par le sang ou l'héritage, mais aussi par l'intelligence et la providence divine. Ils ne peuvent donc pas me faire de mal, ni les mépriser ou les haïr. Il est dans notre nature de coopérer les uns avec les autres, de nous harmoniser comme des pieds, des mains, des paupières et des dents. Agir à l'inverse va à l'encontre de la nature, et le fait d'être contrarié ou de s'éviter les uns les autres en est un indicateur.

2. Contempler la mortalité : Accueillir la conscience et ignorer la chair

Je ne suis qu'une simple combinaison de chair et de souffle, à côté de ma conscience dominante. Le temps est venu de mettre de côté les livres et autres distractions. Contemplez plutôt votre mortalité et ne tenez pas compte de la chair, qui n'est qu'une composition de sang, d'os et de divers réseaux composés de nerfs, de veines et d'artères. Prenez un moment pour considérer votre souffle, qui consiste en de l'air constamment expiré et inhalé. Enfin, concentrez-vous sur votre conscience dominante. Imaginez-vous comme un vieil homme, libéré des chaînes des attentes et des désirs de la société. Embrassez votre situation actuelle et ne craignez pas ce que l'avenir vous réserve.

3. Le plan divin : Embrasser le destin et l'équilibre dans un univers connecté

Tout ce qui est d'origine divine est imprégné de prévoyance. Ce qui est issu du hasard n'est pas isolé de la nature et est intimement lié aux éléments agencés par le calcul divin. Tout découle de cette interconnexion, guidée par le destin et le plus grand bien du cosmos, dont vous faites partie intégrante. Le bien-être de chaque élément de la nature est déterminé par ce dont l'ensemble a besoin et par ce qui facilite le maintien de cet équilibre. L'univers est soutenu par le jeu des éléments et de leurs compositions. Que ces principes suffisent à fonder vos convictions. N'ayez pas une soif excessive de connaissances, sous peine de quitter ce monde mécontent. Abordez chaque moment avec gratitude, honnêteté et joie, en embrassant la volonté divine.

4. Saisissez votre chance divine avant que le temps ne soit écoulé

Rappelez-vous combien de temps vous avez perdu à retarder ces tâches, et combien d'occasions vous ont été données par le divin, sans que vous ne les saisissiez. Il est temps pour vous de prendre conscience de votre place dans ce vaste univers et de reconnaître que votre existence est une manifestation de son ordre divin. Votre temps est limité, et si vous ne prenez pas les mesures nécessaires pour éclaircir votre esprit, il sera perdu, et vous avec, pour ne plus jamais revenir.

5. Le guide romain pour une vie paisible : Atteindre la dignité, l'affection et la liberté

À chaque instant, pensez et agissez comme un Romain, avec une dignité, une affection, une liberté et une justice parfaites. Concentre-toi uniquement sur la tâche à accomplir et libère-toi de toute autre distraction. Offrez-vous la paix de l'esprit en vivant chaque instant de votre vie comme si c'était le dernier, sans insouciance, sans aversion passionnée pour le raisonnement, sans hypocrisie, sans amour-propre, sans mécontentement de votre situation actuelle. Vous pouvez voir combien peu de choses sont nécessaires pour vivre une vie paisible, comme celle des dieux. En observant ces principes, les dieux ne vous demanderont rien de plus.

6. Sauvegarder son âme : préférer la valeur personnelle à l'approbation extérieure

Ne te fais pas de mal, mon âme. Car si tu fais le mal, tu te prives de la possibilité de t'honorer. La vie de chacun est complète, mais la tienne touche à sa fin. Ton bonheur ne vient pas de l'intérieur, mais de l'approbation des autres. Il est temps de valoriser et de chérir ton âme.

7. Trouver l'équilibre : Éviter les distractions et adopter la productivité

Les distractions extérieures prennent-elles le dessus sur votre attention ? Donnez-vous le temps d'apprendre quelque chose de nouveau et de positif, et libérez-vous du cycle de la confusion. Attention toutefois à ne pas tomber dans l'excès inverse : ceux qui s'épuisent dans des activités dénuées de sens et qui n'ont pas d'orientation claire pour leurs pensées gaspillent également leur vie.

8. Les dangers d'ignorer nos propres pensées : Un chemin vers le malheur

Il est rare qu'une personne soit malheureuse parce qu'elle n'est pas consciente des pensées d'autrui. Cependant, le fait de ne pas prêter attention à nos propres pensées et actions mentales peut conduire au malheur.

9. Libérez votre vraie nature : Comprendre l'harmonie de l'univers

Gardez toujours à l'esprit la nature de l'univers et votre propre nature. Réfléchissez à la manière dont elles sont liées l'une à l'autre et au rôle que vous jouez dans l'ensemble des choses. Rappelez-vous que rien ne peut vous empêcher d'agir et de parler conformément à votre véritable nature.

10. Désir contre colère : Le point de vue philosophique de Théophraste sur la condamnabilité des actes répréhensibles

Théophraste compare différentes sortes d'offenses et, en philosophe avisé, affirme que les offenses commises par désir sont plus répréhensibles que celles provoquées par la colère. Lorsqu'un individu agit avec rage, il semble ignorer la logique tout en ressentant un malaise et en perdant le contrôle de lui-même. En revanche, la personne qui commet une faute par désir est plus encline à un comportement excessif et présente une sorte de faiblesse de caractère typiquement associée à la féminité. C'est pourquoi il suggère à juste titre que les actes accomplis par plaisir sont plus condamnables que ceux accomplis par douleur. En résumé, la première est le reflet d'une personne qui réagit à une blessure et qui est contrainte d'agir avec colère, tandis que la seconde est causée par une passion auto-induite qui la pousse à commettre des actes répréhensibles.

11. Accepter l'incertitude : Vivre sans avoir peur de l'inconnu

Comme il est possible que vous quittiez cette vie à tout moment, réglez chaque action et chaque pensée en conséquence. Cependant, si les dieux existent et que vous quittez la compagnie des hommes, il n'y a pas lieu de craindre, car les dieux ne vous feront pas de mal. S'ils n'existent pas ou s'ils ne se préoccupent pas des affaires humaines, qu'importe alors que l'univers soit dépourvu de dieux ou de providence ? En réalité, ils existent et s'occupent des affaires humaines. Ils ont donné aux humains le pouvoir d'éviter les vrais maux. S'il y a quelque chose de mal, ils ont fourni les moyens de l'éviter. Si une chose n'aggrave pas la situation d'une personne, comment peut-elle aggraver sa vie ? La nature de l'univers ne peut pas négliger ou commettre une grande erreur en permettant que le bien et le mal arrivent indistinctement aux bonnes et aux mauvaises personnes. La mort, la vie, l'honneur, le déshonneur, la douleur et le plaisir arrivent aux bons comme aux mauvais, mais ils ne nous rendent ni meilleurs ni pires. Ils ne sont donc ni bons ni mauvais.

12. La nature éphémère de la vie : Une contemplation sur la mort et le divin dans l'univers

Comme tout disparaît vite, dans le vaste univers, les corps eux-mêmes, mais aussi, avec le temps, leur souvenir. Il incombe à nos facultés intellectuelles d'observer la nature de toutes les choses tangibles, en particulier celles qui nous tentent par le plaisir, nous terrifient par la douleur ou sont vantées par une gloire éphémère. Nous devons reconnaître à quel point elles sont sans valeur, méprisables, sordides, périssables et, en fin de compte, mortes.

Nous devons examiner de près ceux dont les opinions et les voix leur confèrent réputation et influence. En outre, nous devrions contempler la véritable nature de la mort ; si nous l'examinons en abstrayant et en décomposant toutes les composantes que notre imagination peut lui attribuer, nous découvrirons qu'elle n'est qu'un processus naturel. Celui qui la craint ou la redoute est comme un enfant qui craint ce qu'il ne comprend pas.

En outre, nous devons reconnaître que la mort n'est pas seulement un processus naturel, mais qu'elle fait également partie de l'ordre naturel et qu'elle sert un but particulier. Enfin, nous devons également noter comment les humains sont apparentés au divin et par quelle partie de nous, et quand, cette partie est en accord avec la divinité.

13. Les pièges d'un voisin curieux : Honorer sa conscience et respecter les autres

Il n'y a rien de plus malheureux qu'un homme qui s'intéresse à tout, même à ce qui se passe sous la terre, comme le dit le poète. Il essaie de deviner ce que pensent ses voisins sans savoir qu'il suffit d'être attentif à sa propre conscience et de la respecter sincèrement. Honorer sa conscience, c'est la garder à l'abri des émotions et de l'insouciance, et ne pas être insatisfait de ce qui vient des dieux ou des hommes. Nous devons respecter ce qui vient des dieux parce que c'est excellent, et nous devons chérir ce qui vient des hommes en raison de notre humanité commune. Parfois, l'ignorance des gens sur ce qui est bon ou mauvais peut même provoquer notre pitié, un défaut aussi grave que l'incapacité à distinguer le blanc du noir.

14. Le moment fugace : Pourquoi nous ne pouvons pas perdre ce que nous n'avons jamais eu

Si vous deviez vivre trois mille ou dix mille fois plus longtemps, rappelez-vous ceci : personne ne perd une autre vie que celle qu'il vit actuellement, ni ne vit une autre vie que celle qu'il perd actuellement. La plus longue et la plus courte ont la même fin. Si le moment présent est le même pour tous, ce qui périt n'est pas identique. Par conséquent, ce qui semble perdu n'est qu'un instant fugace. On ne peut pas perdre ce que l'on n'a jamais eu, on ne peut donc pas perdre le passé ou l'avenir. Deux choses doivent être gardées à l'esprit : D'abord, que tout se ressemble et se boucle à partir de l'éternité. Que l'on vive cent ans, deux cents ans ou une infinité d'années, cela ne fait aucune différence dans l'ordre des choses. Deuxièmement, la personne qui vit le plus longtemps et celle qui mourra le plus tôt perdent la même chose. L'instant présent est la seule chose dont on puisse être privé s'il est vrai que c'est la seule chose que l'on a vraiment, et celui qui n'a rien ne peut pas le perdre.

15. La subjectivité dévoilée : Extraire la vérité des opinions

Gardez à l'esprit que tout est subjectif. Comme le souligne le cynique Monimus, l'utilité d'une opinion réside dans la capacité à en extraire la vérité et à l'appliquer en conséquence.

16. L'autosabotage de l'âme humaine : cinq façons de se nuire à soi-même

L'âme humaine est son pire ennemi. Elle se fait du mal de plusieurs manières. Tout d'abord, en devenant une plaie ou une tumeur de l'univers, en quelque sorte, lorsqu'elle se sent lésée par les événements qui se déroulent. Il s'agit d'une forme de déconnexion de la nature, qui englobe la nature de toutes les autres choses. Deuxièmement, il se blesse lui-même lorsqu'il se détourne des autres ou s'en approche avec des intentions hostiles, comme c'est le cas de ceux qui sont consumés par la colère. Troisièmement, il se fait du mal en cédant au plaisir ou à la douleur. Quatrièmement, il se trahit en se comportant ou en parlant sans sincérité ou de manière trompeuse. Cinquièmement, il se rend un mauvais service en agissant ou en se déplaçant sans intention, en accomplissant des tâches sans y penser, car même les plus petites actions devraient avoir un but. Le but de l'être rationnel, après tout, est d'obéir à la raison et à la loi de la cité et de l'État les plus anciens.

17. Le chemin de la paix intérieure : Comment la philosophie nous apprend à accepter les changements constants de la vie

La vie humaine n'est qu'un moment, une substance changeante, une perception terne et un corps sujet à la décomposition. L'âme est un tourbillon, et la fortune difficile à prédire. La gloire, une qualité dépourvue de jugement. En résumé, tout ce qui concerne le corps est un ruisseau, tandis que tout ce qui concerne l'âme n'est que rêve et vapeur ; la vie est un combat et une terre étrangère, et après la gloire vient l'oubli. Qu'est-ce qui guide alors l'homme ? Il n'y a qu'une seule réponse : la philosophie. Il s'agit de maintenir la conscience en soi à l'abri de la violence et du mal. Être supérieur à la douleur et au plaisir, et avoir un but pour chaque action, sans prétention ni hypocrisie. Une personne ne doit pas compter sur les autres pour faire quoi que ce soit, mais doit accepter tout ce qui lui arrive, puisque cela vient du même endroit qu'elle. En conclusion, une personne devrait attendre la mort avec un esprit heureux, car elle n'est qu'une représentation de la dissolution des éléments présents dans tous les êtres vivants. Si ce changement continu en quelque chose d'autre ne nuit pas aux éléments, alors pourquoi une personne devrait-elle avoir peur de ce changement et de la dissolution de tous les éléments ? Tout ce qui se produit conformément à la nature n'est pas mauvais.

LIVRE 3

— Réussir sa vie

Adoptez les valeurs qui comptent vraiment. Prenez le contrôle de votre temps et vivez dans un but précis, en tirant le meilleur parti de chaque occasion. Appréciez le monde naturel qui vous entoure et trouvez un sens à vos activités quotidiennes. Cultiver l'autonomie et l'intégrité, en pratiquant toujours l'honnêteté et en évitant la tromperie. En évitant les excès et en donnant la priorité à l'exercice physique régulier, vous pouvez trouver de la satisfaction dans le but de votre vie et devenir un gardien plus attentif de l'environnement.

1. Saisir le jour : L'urgence de la clarté mentale face à la mortalité

Nous devons reconnaître non seulement que notre vie s'étiole lentement et qu'il nous en reste peu, mais aussi que si nous vivons plus longtemps, il n'y a aucune garantie que notre capacité à comprendre et à contempler le divin et l'humain restera intacte. En vieillissant, nous pouvons commencer à perdre nos facultés mentales, notamment la perception, la nutrition, l'imagination et l'appétit. Ces facultés peuvent persister, mais le pouvoir de remplir nos devoirs, de séparer la vérité de la tromperie et d'évaluer s'il est temps de quitter la vie exige un esprit discipliné, que nous pouvons perdre. Il est donc urgent d'agir, car la capacité de comprendre et de concevoir les choses est la première à disparaître, et pas seulement parce que nous approchons de la fin de notre vie.

2. La beauté naturelle au-delà de la nature : Trouver le plaisir dans l'imperfection

Il est important de noter que les choses qui viennent après la nature peuvent également être agréables et attrayantes. Prenons l'exemple du pain. Lorsqu'il est cuit, certaines parties s'ouvrent et présentent une beauté unique. Même si elles ne correspondent pas à l'intention du boulanger, elles nous donnent envie d'en manger davantage. Lorsque les figues sont bien mûres, elles se fendent, mais cela ajoute à leur attrait. De même, les olives presque pourries ont une certaine beauté. La façon dont les épis de maïs se courbent ou dont le sanglier écume à la bouche n'est peut-être pas belle individuellement, mais parce qu'elle est naturelle, elle ajoute à la beauté de l'ensemble. Pour quelqu'un qui comprend et apprécie profondément la nature, tout ce qui fait partie de l'univers peut procurer du plaisir. Elle peut trouver attrayantes les mâchoires béantes des bêtes sauvages, tout comme elle peut voir le charme d'une personne âgée. Ils peuvent apprécier l'attrait de la jeunesse sans que cela soit inapproprié. Ces choses peuvent plaire à certains, mais seulement à ceux qui connaissent intimement la nature et ce qu'elle crée.

3. Le destin funeste des grands et des sages - Réflexion sur la mortalité et l'au-delà

Après avoir guéri de nombreuses maladies, Hippocrate tomba lui-même malade et finit par mourir. Les Chaldaei ont prédit la mort de nombreux individus, mais le destin les a également rattrapés. Alexandre, Pompée et Caïus César, bien qu'ils aient anéanti des villes entières et mis à mal des milliers de cavaliers et de fantassins au combat, ont fini par connaître leur propre destin. Héraclite a passé beaucoup de temps à spéculer sur la mort ardente de l'univers, pour finalement mourir rempli d'eau et couvert de boue. Démocrite a été détruit par des poux, et Socrate a été tué par d'autres poux. Quelle est la signification de tout cela ? Vous avez fait le voyage, atteint votre destination et il est temps de partir. S'il y a effectivement une autre vie, il n'y a pas lieu de s'inquiéter, car les dieux existent même dans l'au-delà. Si, au contraire, il y a le néant, tu ne seras plus prisonnier de la douleur ou du plaisir, ni du corps physique qui se corrompt et se désagrège. En effet, le corps est de la terre et sujet à la décomposition, tandis que l'âme et l'esprit sont divins et éternels.

4. Entraînez vos pensées à défendre de nobles causes : Comment s'élever au-dessus des distractions et embrasser l'esprit divin qui est en vous

Ne gaspillez pas les jours qui vous restent à méditer sur les autres, si vos pensées ne s'alignent pas sur un bien commun. Ne gâchez pas l'occasion de faire quelque chose de plus grand en vous laissant distraire par des questions telles que : "Que fait, dit, pense ou projette cette personne ? "Que fait, dit, pense ou planifie cette personne ?" Ce genre de pensées nous éloigne de la conscience de soi et de l'action. Nous devons surveiller nos pensées et nous débarrasser de tout ce qui est inutile, en particulier les pensées indiscrètes et malveillantes. Entraînez-vous à ne contempler que des sujets que vous pouvez partager ouvertement et sans réserve, en faisant preuve de simplicité, de gentillesse et de bienséance. Abstenez-vous de penser aux loisirs et à la sensualité, à l'envie, à la suspicion ou à tout ce qui pourrait vous causer de la honte si vous le découvriez. Celui qui n'est pas distrait par de telles pensées est comme un serviteur des dieux et un prêtre. Il possède également en lui un esprit divin qui le rend insensible au plaisir et à la douleur, indemne d'insultes, insensible à toute injustice et défenseur des causes les plus nobles. Ils ne se laissent pas facilement submerger par la passion, ils apprécient la justice et ils acceptent pleinement tout ce que la vie leur offre, sans ruminer ni se poser de questions. Il se soucie de tout le monde, se rappelant que toute âme rationnelle est sa parente et que la nature humaine exige qu'il veille au bien-être des gens. Il s'en tient aux opinions de ceux qui vivent la vie telle que la nature l'a conçue, et non à celles de tous les tenants de l'opinion. De même, il se souvient de ceux qui mènent une vie vile et impure, tant chez eux qu'à l'extérieur. Il n'accorde aucune valeur aux louanges de ces personnes, car elles ne sont jamais satisfaites d'elles-mêmes.

5. Libérez le leader romain qui sommeille en vous : Conseils pour une responsabilité autonome

Ne travaillez pas contre votre gré ou sans tenir compte du bien commun, et veillez à bien réfléchir à vos actions sans vous laisser distraire. N'utilise pas d'ornements excessifs dans tes paroles, ne parle pas trop et ne t'occupe pas de trop de choses. En outre, laissez le Dieu qui est en vous vous guider en tant que dirigeant romain mûr et politiquement réfléchi, prêt à remplir son devoir sans avoir besoin de serments ou du témoignage d'autrui. Abordez vos responsabilités avec bonne humeur et évitez de compter sur une aide extérieure ou de rechercher la tranquillité que d'autres peuvent vous apporter. Tenez-vous fermement et droit, plutôt que de compter sur les autres pour vous soutenir.

6. Embrassez la divinité qui est en vous : Un guide rationnel pour trouver la vraie satisfaction dans la vie

Si vous trouvez dans la vie humaine quelque chose qui surpasse la justice, la vérité, la tempérance, la force d'âme, bref tout ce qui surpasse la satisfaction de votre propre esprit à faire ce qui est juste et à remplir votre rôle sans que vous l'ayez choisi - si, en effet, vous voyez quelque chose de supérieur à cela, embrassez-le de tout votre cœur et jouissez de ce que vous trouvez être le meilleur. Cependant, s'il n'y a rien de mieux que la divinité plantée en vous, qui règne sur tous vos désirs, évalue toutes vos perceptions avec soin, s'est détachée des influences des sens, comme l'a dit Socrate, s'est soumise aux dieux, et se soucie de l'humanité, et que vous trouvez tout le reste de moindre valeur que cela, alors ne faites pas de place à quoi que ce soit d'autre, car une fois que vous vous tournez vers quelque chose d'autre, vous ne serez plus en mesure d'accorder l'attention appropriée à la bonne chose qui vous revient de plein droit. Il est inacceptable que quoi que ce soit d'autre, comme la louange des masses, le pouvoir ou la jouissance du plaisir, puisse rivaliser avec quelque chose qui est vraiment rationnel et bon dans un sens pratique. Même si les choses semblent coexister en harmonie, elles deviennent rapidement dominantes et nous égarent. Par conséquent, choisissez simplement et en toute confiance ce qui est meilleur, mais assurez-vous que cela vous est vraiment utile en tant qu'être rationnel, et accrochez-vous à cela. S'il ne vous est utile qu'en tant qu'animal, dites-le clairement, conservez votre jugement sans arrogance et assurez-vous que vous arrivez à votre conclusion par une méthode fiable.

7. Vivre en harmonie : Donner la priorité à l'intelligence et à l'excellence plutôt qu'à la rupture des promesses et des désirs

N'envisagez jamais rien de profitable pour vous qui vous obligerait à rompre vos promesses, à perdre votre amour-propre, à haïr les autres, à être suspicieux, à maudire, à agir comme un hypocrite ou à désirer tout ce qui nécessite des murs et des rideaux. Privilégiez plutôt votre propre intelligence et la recherche de l'excellence au service de votre conscience. Ce faisant, vous n'aurez à faire face à aucune tragédie, à aucun gémissement, à aucun besoin de solitude ou de trop grande compagnie. Surtout, vous vivrez harmonieusement sans courir après la mort ni la fuir. Que votre âme reste enfermée dans votre corps plus ou moins longtemps, cela n'a pas d'importance, car vous y êtes indifférent. Même si vous devez partir immédiatement, vous le ferez avec autant de calme et d'ordre que n'importe quoi d'autre. Tout au long de votre vie, veillez à ce que vos pensées ne s'éloignent pas de celles d'un être intelligent et d'un membre actif d'une communauté civile.

8. Pureté et complétude : L'esprit d'une véritable âme humble

Dans l'esprit d'une personne humble et raffinée, vous ne trouverez pas d'impuretés ou de blessures dissimulées. Même lorsque le destin intervient et que le spectacle ne se poursuit pas, leur vie est toujours pleine et entière, contrairement à un acteur qui quitte le spectacle en cours de route. En outre, il n'y a chez eux rien de servile ou d'artificiel, ni d'excessivement attaché ou détaché des choses. Il n'y a rien à critiquer ou à cacher.

9. Le pouvoir du respect de votre faculté de formation d'opinion

Respectez la faculté responsable de la formation des opinions. C'est uniquement de cette faculté que dépend le fait que votre être intérieur abrite des idées qui contredisent l'état naturel et la constitution des créatures rationnelles. L'acceptation de cette faculté garantit une sagesse qui élimine les jugements impulsifs, un esprit de camaraderie envers les autres humains et le respect de la divinité.

10. L'art de lâcher prise : Vivre le présent et chérir ce qui compte vraiment

Simplifiez vos possessions et n'en chérissez que quelques-unes. N'oubliez pas non plus que chaque personne ne vit que dans le moment présent - le passé est derrière nous et l'avenir est inconnu. La vie est brève pour tout le monde et nous n'habitons qu'une maigre partie du monde. Même la renommée posthume la plus longue est éphémère et n'est entretenue que par les générations suivantes, qui sont toutes mortelles et peu susceptibles de se souvenir de ceux qui sont morts bien avant leur heure.

11. Dévoiler l'essence : Maîtriser l'art de l'examen systématique des objets

Ajoutez cette aide aux autres mentionnées : Créez une définition ou une description claire et précise de l'objet qui vous est présenté. De cette façon, vous pouvez comprendre l'essence de l'objet, sa nudité, son intégralité, et identifier son nom propre, les noms de ses composants, et ce en quoi ils se décomposeront par la suite. Rien ne contribue plus à l'élévation de l'esprit que l'examen systématique et véridique de chaque objet tel qu'il se présente dans la vie. Il faut toujours considérer les choses sous l'angle de leur place dans l'univers, de leur raison d'être, de leur valeur et de leur rapport avec l'humanité. En tant que citoyens de la cité suprême, toutes les autres cités sont comme des familles. Déterminez ce qu'est chaque objet, sa composition, sa durée de vie et les vertus qu'il exige de vous, telles que la douceur, la virilité, la vérité, la fidélité, la simplicité, le contentement, etc. Par conséquent, en toute occasion, reconnaissez que certaines choses viennent d'une puissance supérieure, du destin, de la coïncidence ou du hasard, ou de quelqu'un de la même souche, et rappelez-vous comment les traiter selon la loi de la fraternité, de la bienveillance et de la justice. En attendant, essayez de déterminer la valeur des choses indifférentes.

12. La clé du bonheur : Maîtriser la diligence, la concentration et l'authenticité pure

Si vous travaillez avec diligence et calme sur votre tâche actuelle, en suivant la raison et en restant concentré sans vous laisser distraire, et si vous gardez votre vrai moi pur comme s'il devait être retourné à sa source immédiatement, alors vous vivrez une vie satisfaisante et épanouissante. Maintenez cet état d'esprit sans rien rechercher, sans rien craindre et en étant fier de dire la vérité avec héroïsme. Personne ne peut vous empêcher d'atteindre le bonheur avec cette attitude.

13. La précision des principes : La connexion divine aux tâches humaines

De même que les médecins gardent toujours leurs outils et leurs scalpels à portée de main pour les cas d'urgence, vous devez garder vos principes à portée de main pour comprendre les questions divines et humaines, et pour exécuter toute tâche, aussi petite soit-elle, en étant conscient que ces deux domaines sont intimement liés. Vous ne pouvez pas accomplir quoi que ce soit en rapport avec l'humanité sans vous référer au divin, et vice versa.

14. Vivre au présent et agir : Ne passez pas à côté de l'histoire de votre vie

N'errez plus sans but. Vous ne lirez pas votre propre histoire, ni les récits des grands Romains et Grecs de l'Antiquité, ni même les livres que vous gardiez pour vos vieux jours. Concentrez-vous plutôt sur le présent et agissez. Cessez de vous accrocher à des aspirations irréalistes et commencez à prendre soin de vous pendant que vous en avez la possibilité.

15. Dévoiler les significations cachées au-delà de la perception visuelle

Ils ne sont pas conscients de la multitude de significations véhiculées par les termes voler, semer, acheter, se taire, percevoir ce qui est nécessaire. Cette compréhension ne repose pas uniquement sur la perception visuelle, mais nécessite une autre forme de perspicacité.

16. Le chemin vertueux : L'acceptation, le contentement et l'étincelle divine qui sommeille en nous

Le corps sent, l'âme désire et l'intellect raisonne. Les animaux peuvent percevoir les formes des choses à travers les apparences, et les bêtes sauvages ainsi que les hommes qui ont abandonné la raison peuvent être conduits par leurs désirs. Même des tyrans comme Phalaris et Néron possèdent cette propension. De même, la capacité de discerner ce qui est également convenable appartient à ceux qui nient l'existence des dieux et se livrent à des comportements immoraux derrière des portes closes. Ces traits étant communs à tous, ce qui reste propre à l'individu vertueux, c'est une disposition à accepter ce qui arrive et à se contenter du cours des choses. En outre, il préserve l'étincelle divine qui est en lui, en s'abstenant de la polluer par des pensées ou des images impures qui pourraient perturber sa tranquillité. Au contraire, ils la suivent docilement comme un dieu, en ne disant que la vérité et en se comportant avec justice. Une telle personne n'est troublée par aucune incrédulité dans son mode de vie simple, humble et satisfait, et elle maintient le cap qui la mènera à sa destination finale. Cette destination devrait les trouver purs, calmes, résignés et en paix avec leur destin, n'ayant aucun regret et n'étant pas contraints de quitter ce monde.

LIVRE 4

— Exploiter la force intérieure

Pour surmonter les défis de la vie, nous devons d'abord cultiver une base interne solide. Cela signifie s'accepter soi-même et accepter les circonstances, et trouver la force intérieure de faire face à l'adversité avec raison et résilience. En simplifiant notre vie et en nous concentrant sur le présent, nous pouvons poursuivre plus efficacement nos objectifs et trouver le contentement. Il est également essentiel de faire preuve de gentillesse envers les autres et de poursuivre nos passions avec détermination et motivation. En fin de compte, nous devons nous rappeler que notre séjour sur cette terre est bref et qu'il nous appartient d'en tirer le meilleur parti. En prenant conscience de l'immensité de l'univers et de la place que nous y occupons, nous pouvons trouver la motivation nécessaire pour poursuivre nos rêves et vivre pleinement notre vie.

1. Exploiter la flamme intérieure : comment l'autogestion adaptable peut surmonter tous les obstacles

La force intérieure qui nous gouverne, lorsqu'elle est en accord avec la nature, est intrinsèquement adaptable aux circonstances extérieures. Elle ne dépend pas d'une source spécifique, mais progresse régulièrement vers ses objectifs lorsqu'elle est confrontée à certaines conditions. Cette force crée même sa propre matière à partir de l'opposition, un peu comme une flamme puissante peut saisir et consumer tout objet qui y tombe. Alors qu'une petite flamme peut être étouffée par un tel objet, une flamme plus puissante le convertit rapidement en carburant pour s'élever encore plus haut.

2. Maîtriser l'art de l'action ciblée : Comment obtenir des résultats irréprochables

Veillez à ce que chaque action ait un but précis et soit exécutée conformément aux principes irréprochables de l'art.

3. Trouvez la paix en vous : Comment se retirer et se rafraîchir l'esprit au milieu du chaos et du mécontentement

Les hommes recherchent souvent des lieux de retraite tels que des maisons de campagne, des zones côtières et des montagnes. Vous aussi, vous pouvez avoir de tels désirs. Cependant, il s'agit là d'une caractéristique des personnes les plus communes. Vous avez le pouvoir de vous retirer à l'intérieur de vous-même quand vous le souhaitez. Nulle part ailleurs que dans votre âme, vous ne trouverez un endroit plus calme et plus serein pour vous évader. Surtout si vous possédez des pensées qui vous apportent une tranquillité immédiate lorsque vous y réfléchissez. Je prétends que la paix intérieure n'est rien d'autre qu'un esprit bien organisé. Par conséquent, accordez-vous régulièrement cette retraite et rafraîchissez-vous. Veillez à ce que vos principes soient concis et fondamentaux. Vous verrez qu'en revenant à ces principes, ils suffiront à purifier entièrement votre esprit et à éliminer tout mécontentement que vous pourriez avoir à l'égard du monde extérieur. Qu'est-ce qui vous mécontente ? Souffrez-vous des fautes des autres ? Rappelez-vous que les êtres rationnels existent les uns pour les autres, que supporter les fautes des autres fait partie de la justice et que l'homme fait le mal involontairement. Pensez au nombre de personnes qui sont mortes après avoir fait preuve d'inimitié, de suspicion, de haine et de combat mutuels et qui sont, par conséquent, en paix. Mais peut-être n'êtes-vous pas satisfait de ce que l'univers vous a attribué ? Souviens-toi de ceci : il y a deux alternatives. Ou bien il y a une providence, ou bien tout n'est qu'un concours fortuit de choses, ou bien souviens-toi des arguments qui révèlent que le monde est une communauté politique. Soyez enfin satisfait. Les choses physiques vous retiennent-elles encore ? Rappelez-vous que l'esprit ne se mêle pas au souffle, qu'il soit doux ou violent. Rappelle-toi tout ce que tu as appris sur la douleur et le plaisir, et tu seras tranquille. Le désir de gloire te hante-t-il encore ? Souviens-toi de la rapidité avec laquelle tout s'oublie, du chaos du temps infini qui existe de chaque côté de nous, de la vacuité des applaudissements, de l'inconstance et du mauvais jugement de ceux qui prétendent te louer. Rappelez-vous combien la scène de la vie est dérisoire et quels sont les acteurs que nous sommes. C'est un simple point dans l'espace, et tout ce qui s'y trouve n'est que le fruit d'une opinion. Surtout, lorsque vous vous dirigez vers ces pensées qui sont les plus proches et qui ont en elles le pouvoir de vous éveiller soit au plaisir, soit à la douleur, faites en sorte que cette pensée soit présente : il n'est pas possible que quoi que ce soit d'extérieur ait une quelconque domination sur vous.

4. L'intellect partagé : Comment une loi universelle unit l'humanité

Si notre intellect est partagé, notre capacité à raisonner, qui fait de nous des êtres rationnels, est également partagée. À son tour, la raison commune qui nous guide sur ce qu'il faut faire et ne pas faire est partagée. Cela conduit à l'existence d'une loi universelle et fait de nous des concitoyens au sein d'une communauté politique. En fait, nous sommes tous membres d'une communauté plus large, ce qui fait du monde lui-même une sorte d'État. Quelle autre communauté, en effet, peut prétendre inclure l'ensemble de l'humanité ?

C'est de cette communauté politique partagée que découlent nos capacités intellectuelles et de raisonnement, ainsi que notre compréhension du droit. De même que mon corps terrestre est composé de différents éléments, de même mon moi intellectuel provient d'une source particulière. En effet, rien ne peut venir du néant et rien ne peut retourner à l'inexistence.

5. Percer le mystère naturel de la mort et de la génération

La mort, comme la génération, est un mystère naturel. Nous sommes composés des mêmes éléments et nous finirons par nous décomposer en eux. Il n'y a pas lieu d'en avoir honte, car cela n'est pas contraire à la nature d'un animal raisonnable ni à la raison de notre constitution.

6. La nature du devoir : pourquoi certaines tâches sont intrinsèquement destinées à certains individus

Il est naturel que ces tâches soient accomplies par des personnes de cette nature, et c'est crucial ; si quelqu'un n'est pas d'accord, il pourrait tout aussi bien refuser que le jus du figuier coule. Cependant, gardez à l'esprit qu'assez rapidement, vous et cette personne ne serez plus en vie, et que l'on ne se souviendra plus de vos noms.

7. Le pouvoir de la perception : Comment la suppression de la perspective personnelle peut éliminer la possibilité de se plaindre et effacer les préjudices

Si vous supprimez votre point de vue personnel, la possibilité de vous plaindre d'être lésé disparaît. Supprimez l'envie de vous plaindre d'un préjudice, et le préjudice lui-même n'existe plus.

8. Le pouvoir de la non-violence : comment ce qui ne nous blesse pas peut nous rendre plus forts

Ce qui n'aggrave pas la situation d'une personne n'aggrave pas sa vie et ne lui porte pas préjudice, que ce soit à l'extérieur ou à l'intérieur.

9. De l'obligation à l'opportunité : La transformation de l'utilité universelle

L'universellement utile a été contraint de le faire.

10. Découvrir la vérité : comment le fait d'observer toute chose comme étant juste peut vous conduire à devenir une meilleure personne

Considérez que tout ce qui arrive est juste, et si vous observez attentivement, vous constaterez que c'est vrai. Je ne parle pas seulement de la continuité des événements, mais aussi de ce qui est juste et équilibré, comme si l'on attribuait à chaque chose sa juste valeur. Continuez donc à observer comme vous avez commencé à le faire. Et quoi que vous fassiez, faites-le avec l'objectif d'être bon, dans le sens qu'implique le fait d'être une bonne personne. Cherchez toujours à atteindre cet objectif dans chacune de vos actions.

11. Rompre le cycle : Pourquoi adopter le point de vue de son adversaire ne sert à rien

N'adoptez pas la même vision des choses que la personne qui vous fait du tort ou qui veut vous faire croire, mais considérez-les objectivement et telles qu'elles sont.

12. Les deux règles d'or pour les hommes : Le raisonnement et l'ouverture d'esprit au service du bien commun

Un homme doit toujours se préparer en suivant deux règles : Premièrement, ne faire que ce que le raisonnement et la faculté de gouverner suggèrent comme étant bénéfique pour l'humanité. Deuxièmement, il doit être prêt à changer d'avis si quelqu'un lui prouve qu'il a tort et lui propose une meilleure alternative. Toutefois, ce changement de perspective ne doit se produire que lorsqu'il existe une forte conviction, fondée sur la justice, l'avantage communautaire et d'autres facteurs similaires, et non pas simplement pour le plaisir personnel ou pour gagner en popularité.

13. Libérez le pouvoir de la raison : Pourquoi vous empêchez-vous d'avancer ?

Avez-vous des raisons de le faire ? J'en ai. Alors pourquoi ne l'utilisez-vous pas ? Si la raison peut accomplir sa propre tâche, que désirez-vous d'autre ?

14. De l'existence à l'essence : La transmutation de notre être

Vous avez existé en tant que partie et vous finirez par disparaître dans la source qui vous a créé. Cependant, vous serez transformé et ramené à son essence originelle par la transmutation.

15. Le sacrifice de l'encens : Une histoire de grains tombés sur l'autel

Sur un autel, de nombreux grains d'encens sont déposés. L'un tombe devant l'autre, mais cela n'a finalement aucune importance.

16. 10 jours vers la divinité : Embrasser la rationalité et passer du statut de bête à celui de croyant

En dix jours seulement, vous pouvez passer du statut de bête et de singe à celui d'être divin selon d'autres, si vous revenez à vos croyances fondamentales et embrassez la rationalité.

17. Carpe Diem : Profiter de la vie avant que la mort n'arrive

Ne vivez pas comme si vous aviez l'éternité devant vous. La mort vous guette. Alors, profitez au maximum de vos journées et efforcez-vous d'être une bonne personne pendant que vous le pouvez encore.

18. Maintenir le cap : Pourquoi se concentrer sur ses propres actions est la clé pour éviter les problèmes

Combien de problèmes peuvent être évités en se concentrant simplement sur ses propres actions, sans prendre la peine d'observer ou de juger celles des autres. Au lieu de scruter les pensées et les actes de notre voisin, nous devrions nous efforcer de faire preuve de pureté et d'équité dans notre propre conduite. Comme l'a fait remarquer Agathon, plutôt que de s'attarder sur les manquements moraux des autres, nous devrions rester fidèles à nos principes et maintenir le cap.

19. Rejeter l'immortalité : La folie de la recherche de la gloire posthume

Ceux qui aspirent à une gloire posthume ne se rendent pas compte que tous ceux qui se souviennent d'eux finiront par mourir. Et ceux qui viendront après eux périront également, ne laissant qu'un souvenir déformé et effacé, transmis par des générations d'admirateurs insensés. Même si le souvenir est immortel et que ceux qui se souviennent sont eux-mêmes immortels, quelle importance cela a-t-il pour vous ? Et je ne demande pas ce que cela signifie pour les morts, mais plutôt ce que cela signifie pour les vivants. Quelle est la valeur de la louange, si ce n'est son utilité limitée ? En rejetant le don de la nature et en vous accrochant à autre chose, vous vous privez de la vraie joie de vivre.

20. La beauté intrinsèque : Pourquoi la validation et l'éloge ne sont pas nécessaires à la vraie beauté

Toutes les choses qui possèdent une beauté sont intrinsèquement belles et n'ont pas besoin d'être validées ou louées de l'extérieur pour prouver leur valeur. Les louanges ou les critiques ne peuvent ni renforcer ni diminuer la beauté intrinsèque d'une chose. Cela vaut aussi bien pour les formes de beauté communément reconnues, telles que les biens matériels et l'art, que pour des concepts plus abstraits comme la moralité et les vertus.

La vraie beauté n'a pas besoin de justification ou d'affirmation, tout comme les lois, la vérité, la bienveillance ou la modestie. Aucune de ces qualités n'est rendue belle par l'éloge ou condamnée par la critique. Par exemple, une émeraude, de l'or, de l'ivoire, de la pourpre, une lyre, un petit couteau, une fleur ou un arbuste ne peuvent être valorisés ou dévalorisés uniquement sur la base d'opinions extérieures. Leur beauté est inhérente et ne nécessite pas de validation extérieure.

21. Transmutation et transformation : Explorer la persistance des âmes et des corps au-delà de la mort

Si les âmes existent bel et bien au-delà de la mort, comment persistent-elles dans l'air pour l'éternité ? Et pourtant, comment la terre contient-elle les corps de ceux qui sont enterrés depuis longtemps ? Ici, la transmutation et la dissolution des corps font place à de nouveaux, tout comme les âmes qui se transmutent et se diffusent dans l'air avant de prendre une nature ardente et de rejoindre l'intelligence universelle. Ainsi, la terre et l'air font place à de nouveaux corps et à de nouvelles âmes. C'est une des réponses possibles en faveur de la pérennité de l'âme.

Mais nous devons également tenir compte du grand nombre d'animaux que nous et d'autres créatures consommons quotidiennement et qui, d'une certaine manière, sont également enfouis en nous. Pourtant, notre corps s'adapte à ces changements, les transformant en sang et finalement en éléments aériens ou ardents.

Quelle est donc la vérité derrière cette question ? Elle réside dans la distinction entre la cause matérielle et la cause formelle de la forme.

22. Enracinés dans la justice : Comprendre avant d'agir

Gardez les pieds sur terre et gardez la justice à l'esprit dans chacune de vos actions. Efforcez-vous toujours de comprendre la situation avant d'y réagir.

23. Aligné sur l'univers : Embrasser la générosité de la nature et la ville bien-aimée de Zeus

Tout se synchronise avec moi, tout se synchronise avec toi, ô Univers. Rien n'est trop tôt ou trop tard pour moi si c'est opportun pour toi. Chaque fruit des saisons de la nature est ma générosité, ô Nature. Toutes les choses viennent de toi, reposent en toi et retournent à toi. Le poète peut dire : "Ma belle ville de Cecrops". Mais ne pouvons-nous pas aussi dire : "Ma ville bien-aimée de Zeus ?"

24. Moins, c'est plus : Trouver la tranquillité par l'établissement de priorités et l'élimination

Le philosophe suggère que pour atteindre la tranquillité, il faut se concentrer sur un petit nombre de choses. Cependant, il peut être préférable de donner la priorité à ce qui est nécessaire et de répondre aux exigences sociales naturelles. Cette approche permet non seulement d'obtenir la tranquillité d'esprit qui découle du fait de bien faire, mais aussi de faire moins. La plupart de nos paroles et de nos actes sont inutiles et, en les supprimant, nous pouvons profiter de plus de loisirs et de moins de stress. C'est pourquoi nous devons constamment examiner nos actions et nous demander : "Est-ce nécessaire ?" Il est important d'éliminer non seulement les actions inutiles, mais aussi les pensées inutiles afin de prévenir les actions inutiles qui s'ensuivent.

25. Le pouvoir de la vertu : embrasser une vie heureuse et compatissante

Essayez de vivre la vie d'une personne vertueuse, quelqu'un qui est satisfait de sa part du monde et fier de ses propres actions justes et de sa nature compatissante.

26. Déverrouiller les brefs moments de la vie : La clé de la raison, de l'équité et de la vie raisonnable

Avez-vous vu ces choses ? Regardez de plus près. Ne vous inquiétez pas. Soyez franc. Si quelqu'un fait le mal, il se fait du mal à lui-même. Vous est-il arrivé quelque chose ? Rappelez-vous que tout ce qui s'est produit dans l'univers vous a été donné depuis le début. En bref, la vie est brève. Utilisez la raison et l'équité pour tirer le meilleur parti de chaque instant. Restez raisonnable pendant vos loisirs.

27. L'ordre dans le chaos : Naviguer dans la nature paradoxale de l'univers

L'univers est il bien agencé ou n'est-il qu'un chaos entassé ? Pourtant, il s'agit bien d'un univers. Mais l'ordre peut-il exister dans une partie et le désordre dans l'ensemble ? Surtout lorsque tout est séparé, diffusé et connecté.

28. Prêt pour la perfection ? Laissez-moi peaufiner votre écriture !

Un caractère noir, un caractère féminin, un caractère borné, bestial, puéril, animal, stupide, contrefait, scabreux, frauduleux, tyrannique.

29. Déconnecté de l'univers : La responsabilité sociale de la compréhension

Si quelqu'un ne sait pas ce qui se passe dans l'univers, il est tout aussi étranger que quelqu'un qui ne sait pas ce qu'il y a dedans. Il évite la responsabilité sociale, se ferme à la compréhension et s'en remet aux autres pour ce dont il a besoin pour vivre. En se retirant de la nature commune des choses parce qu'ils n'aiment pas ce qui se passe, ils sont comme un abcès dans l'univers. Mais c'est cette même nature qui les produit, eux et tous les autres, et il est donc inutile de lui résister. Ceux qui s'arrachent au lien commun de la raison qui unit tous les animaux sont comme un morceau de tissu déchiré dans l'État.

30. Philosophes nus : Choisir la raison plutôt que le matérialisme

Le premier est un philosophe sans tunique, l'autre sans livre. Et maintenant, en voici un autre qui est à moitié nu. Je n'ai pas de pain, dit-il, mais je choisis de vivre par la raison. Ma survie ne dépend pas de mon éducation, mais de mon propre jugement.

31. Adoptez votre art modeste et naviguez dans la vie en toute liberté

Aimez l'art que vous avez appris, aussi modeste soit-il, et trouvez-y de la satisfaction. Parcourez le reste de la vie comme quelqu'un qui a confié tout ce qu'il possède aux dieux, sans devenir un tyran ou un serviteur de qui que ce soit.

32. Réflexion sur les visions du passé et leçons pour l'avenir

Considérez l'époque de Vespasien. Vous verrez des gens se marier, élever des enfants, tomber malades, mourir, faire la guerre, festoyer, commercer, cultiver, flatter, être obstinément arrogants, soupçonner, comploter, souhaiter la mort des autres, se plaindre du présent, aimer, accumuler des richesses, désirer le pouvoir politique. Mais ce mode de vie n'existe plus. Avançons maintenant jusqu'à l'époque de Trajan. Le même constat s'impose : ce mode de vie n'existe plus non plus. De même, contemplez les différentes époques et nations et observez comment, après de grands efforts, beaucoup d'entre elles se sont finalement effondrées et dispersées dans le néant.

Mais surtout, réfléchissez à ceux que vous avez personnellement connus, qui se sont laissés distraire par des futilités et ont négligé d'atteindre leur véritable objectif tout en restant satisfaits d'eux-mêmes. Rappelez-vous que l'attention portée à chaque tâche a sa propre valeur et sa propre signification. Si vous vous limitez aux questions appropriées, vous ne serez pas insatisfait.

33. La gloire déclinante des héros : accueillir le caractère éphémère du souvenir

Les mots connus autrefois sont aujourd'hui dépassés, tout comme les noms de personnages célèbres tels que Camillus, Caeso, Volesus, Leonnatus, Scipion, Caton, Auguste, Hadrien et Antonin. Tout passe et s'oublie avec le temps. Même ceux qui ont brillé de mille feux tombent dans l'oubli. Lorsqu'ils meurent, ils sont vite oubliés. En fin de compte, qu'est-ce que le souvenir éternel ? Rien. Sur quoi devrions-nous plutôt nous concentrer ? Des pensées de justice, des actes sociaux, des paroles véridiques et la volonté d'accepter tout ce qui est, comme une partie naturelle de la vie.

34. Embrasser le tissage du destin : S'abandonner au fil de Clotho

Soumettez-vous volontairement à Clotho, l'une des Parques, et permettez-lui de filer votre fil pour en faire ce qu'elle veut.

35. Souvenirs éphémères : L'impermanence des souvenirs de la vie

Tout est éphémère, y compris les souvenirs eux-mêmes.

36. L'art du changement : Embrasser la nature de la transformation de l'univers

Observez constamment que tout change et entraînez-vous à reconnaître que la nature de l'univers favorise la transformation des choses existantes et la création de nouvelles choses qui leur ressemblent. En effet, toutes les choses existantes sont, en quelque sorte, les graines de ce qui viendra ensuite. Cependant, vous ne semblez considérer que les graines qui sont semées dans le sol ou portées dans un utérus - une vision très simpliste.

37. Embrasser la mortalité : Atteindre la clarté, le calme et la bienveillance avant que votre temps ne soit écoulé

Vous allez bientôt mourir, et vous n'êtes pas encore droit, calme, à l'abri de l'influence néfaste du monde, bienveillant envers tout le monde, et vous ne voyez pas la sagesse uniquement dans l'action juste.

38. L'art de la gouvernance : Révéler les principes, les préférences et les aspirations des hommes

Examiner les principes directeurs des hommes, y compris ceux des sages. Identifiez les choses qu'ils évitent et celles qu'ils poursuivent.

39. Le pouvoir de la perception : Où réside vraiment le mal

Ce que vous considérez comme le mal ne réside pas dans le principe directeur de quelqu'un d'autre ou dans les changements physiques que subit votre corps. Alors, où se trouve-t-il ? Dans la partie de vous qui a le pouvoir de décider ce qui constitue le mal. Ne laissez pas cette partie se forger de telles opinions, et tout ira bien. Même si le corps physique le plus proche est blessé, brûlé, enflammé et en décomposition, permettez à la partie qui se forge des opinions sur ces choses de rester calme. Laissez-la juger que tout ce qui peut arriver à des personnes bonnes ou mauvaises ne peut être intrinsèquement bon ou mauvais. Vivre contre la nature ou vivre en accord avec la nature ne peut produire les mêmes résultats pour les deux types de personnes.

40. Le fil unifié : Découvrir l'essence singulière et l'interconnexion harmonieuse de l'univers

Considérez toujours l'univers comme une seule entité vivante, possédant une seule essence et une seule conscience. Observez comment toutes les choses sont interconnectées et liées à cette perception singulière, et comment tout évolue à l'unisson. Toutes les choses travaillent en harmonie pour assurer l'existence de toutes les autres. Prêtez également attention au tissage sans faille de la trame de l'univers et au flux ininterrompu de ses fils.

41. Le fardeau d'être une petite âme : réflexions d'Épictète

Vous êtes une petite âme qui porte un corps mort, comme l'a dit Épictète.

42. La nature paradoxale du changement : Pourquoi il n'est pas toujours bon de rester le même

Il n'est pas intrinsèquement mauvais que les choses subissent des changements, et il n'est pas intrinsèquement bon que les choses continuent d'exister en raison de ces changements.

43. Surfer sur les rapides du temps : le flux inarrêtable des événements de la vie

Le temps peut être comparé à un fleuve rapide composé d'événements. Dès qu'un événement est observé, il est rapidement emporté pour être remplacé par un autre. Ce flux continu est comme un ruisseau violent qui ne s'arrête jamais.

44. L'inéluctable prévisibilité des événements de la vie : De l'éclosion des roses à la piqûre de la trahison

Tous les événements sont aussi prévisibles que la floraison des roses au printemps et la maturation des fruits en été. Il en va de même pour les afflictions, les décès, les calomnies, les trahisons et toute autre circonstance susceptible de plaire ou d'inquiéter les simples d'esprit.

45. Dévoiler la merveilleuse relation des événements séquentiels

Dans l'ordre des événements, les suivants sont toujours liés de manière appropriée à ceux qui les ont précédés. Il ne s'agit pas simplement d'une liste d'éléments déconnectés qui suivent une séquence nécessaire, mais d'une connexion logique. Toutes les choses existent en harmonie, et les nouvelles créations affichent une merveilleuse relation plutôt qu'une simple succession.

46. Éveillez votre esprit : la sagesse d'Héraclite et l'importance de la pensée indépendante

Rappelez-vous toujours la sagesse d'Héraclite, qui disait que la terre se transforme en eau, l'eau en air, l'air en feu et l'inverse. N'oubliez pas non plus que beaucoup oublient leur destination finale et que les gens se disputent souvent avec la logique qui régit l'univers. Même les choses que nous rencontrons tous les jours peuvent nous sembler étranges. Nous ne devons donc pas agir ou parler comme si nous étions endormis, car même dans notre état de sommeil, nous agissons et parlons encore. Nous devons plutôt éviter d'imiter les enfants qui suivent aveuglément leurs parents et penser et agir par nous-mêmes.

47. La différence insignifiante entre mourir demain et mourir après toute une vie

Si un dieu vous disait que vous mourrez demain ou après-demain, vous ne vous soucieriez guère si c'était plutôt le troisième jour, à moins que vous ne manquiez de courage. La différence est négligeable. Par conséquent, il est tout aussi insignifiant de mourir après avoir vécu de nombreuses années que de mourir demain.

48. La nature éphémère de l'existence humaine : Un rappel pour vivre en accord avec la nature

Rappelez-vous sans cesse le nombre de médecins qui sont décédés après avoir froncé les sourcils en soignant les malades. Pensez au nombre d'astrologues qui, malgré leurs grandes prédictions sur la mort des autres, ont eux-mêmes péri. Pensez aux philosophes qui ont donné d'innombrables conférences sur la mort et l'immortalité, et aux héros qui ont tué des milliers de personnes. Réfléchissez aux tyrans qui, agissant comme s'ils étaient immortels, ont exercé leur pouvoir sur la vie des autres avec une insolence sauvage. Pensez aussi aux nombreuses villes qui sont tombées dans l'oubli : Hélices, Pompéi, Herculanum et bien d'autres encore.

Ajoutez à cette liste tous ceux que vous avez connus et qui sont décédés les uns après les autres. Pour chaque personne enterrée, une autre suivra bientôt, jusqu'à ce que vous succombiez à votre tour. N'oubliez donc jamais le caractère éphémère et insignifiant de l'existence humaine. Ce qui hier n'était que flegme sera demain poussière ou cendre.

Par conséquent, vivez votre vie en accord avec la nature et contentez-vous du court voyage. Comme une olive mûre tombant de son arbre, bénissez la nature qui vous a donné naissance et soyez reconnaissant pour la vie que vous avez vécue.

49. **Surfer sur les vagues de la vie : Endurance et fortune face à l'adversité**

Soyez comme un promontoire rocheux qui subit les vagues qui s'abattent sur lui, mais qui reste inébranlable et maîtrise les eaux tumultueuses.

Suis-je malheureux que cela me soit arrivé ? Non, pas du tout. Je suis plutôt satisfait, car je ne souffre pas, je ne suis pas écrasé par le présent et je n'ai pas peur de l'avenir. Cela aurait pu arriver à n'importe qui, mais tous les hommes ne le supporteraient pas avec autant de sérénité. Pourquoi alors considérer cela comme un malheur alors que je pourrais y voir une bénédiction ? Et vous qualifiez de malheur tout ce qui sort de la nature de l'homme ? Et est-ce que quelque chose semble contre nature si cela ne va pas à l'encontre de la volonté de la nature de l'homme ? Vous connaissez la volonté de la nature. Cet incident vous empêchera-t-il d'être juste, courageux, équilibré, sage, à l'abri des opinions hâtives et des mensonges ? Te privera-t-il de ta modestie, de ta liberté ou de tout autre trait qui appartient à la nature de l'homme ? Rappelez-vous ce principe à chaque occasion qui vous afflige : ce n'est pas une misère, mais une occasion de faire preuve d'une grande fortune en la supportant avec noblesse.

50. **L'illusion de l'immortalité : Pourquoi une longue vie n'est pas tout**

C'est parfois grossier, mais c'est toujours une perspective utile face à la mort que de réfléchir à ceux qui se sont farouchement accrochés à la vie. Mais qu'ont-ils gagné en fin de compte par rapport à ceux qui sont partis trop tôt ? Ils reposent probablement dans des tombes quelque part, comme Cadicianus, Fabius, Julianus, Lepidus ou d'autres qui ont pris beaucoup de gens pour être enterrés et qui ont été transportés eux-mêmes. Le fait est que la durée de vie entre la naissance et la mort est brève si l'on considère la lutte qu'elle implique, le type de personnes que l'on rencontre et les faiblesses du corps humain. C'est pourquoi il ne faut pas accorder une valeur excessive à la vie. Pensez plutôt au temps immense qui est derrière vous et au temps infini qui est devant vous. Dans cette infinité, qu'est-ce qui distingue quelqu'un qui vit trois jours de quelqu'un qui vit trois générations ?

51. Le pouvoir de la simplicité : Adopter un raisonnement sain pour une vie sans conflits

Il faut toujours prendre le chemin le plus court, qui est généralement le plus naturel. Parlez et agissez en fonction d'un raisonnement sain. Cela vous libérera des luttes inutiles, des conflits et de toute forme de tromperie ou de faux-semblant.

LIVRE 5

— Débloquer la sagesse ancienne pour s'épanouir

Prenez votre vie en main ! Examinez les conseils des philosophes de l'Antiquité sur la manière de mener une vie utile et épanouissante. Appréciez la valeur de la philosophie et voyez comment elle vous apporte réconfort, espoir et raison d'être. Cultivez la raison, le contrôle des émotions et l'empathie. Honorer la plus haute autorité de l'univers et embrasser le monde naturel. Avec ces outils, vivez une vie satisfaisante et atteignez vos objectifs, même face à l'adversité. Il est temps de commencer à vivre votre meilleure vie et d'avoir un impact positif sur le monde.

1. Réveillez votre but : Adoptez le travail qui correspond à votre nature

Lorsque vous vous réveillez malgré vous le matin, rappelez-vous que vous vous levez pour accomplir votre mission en tant qu'être humain. Alors, pourquoi seriez-vous mécontent de faire ce pour quoi vous avez été mis au monde ? Avez-vous été créé pour paresser au lit et rester au chaud ? C'est peut-être plus confortable, mais est-ce là votre but ? N'existez-vous que pour rechercher le plaisir et éviter l'effort ? Regardez les petites créatures qui vous entourent, les plantes, les oiseaux, les fourmis, les araignées et les abeilles, qui travaillent tous ensemble pour maintenir l'équilibre de l'univers. N'êtes-vous pas prêt à faire le travail qui correspond à votre nature ? Bien sûr, le repos est également nécessaire, mais même celui-ci a des limites innées. Comme pour le boire et le manger, vous allez souvent au-delà de ce qui est suffisant, mais lorsqu'il s'agit de vos actions, vous vous arrêtez en deçà de votre potentiel. Cela indique que vous ne vous aimez pas vraiment, car si c'était le cas, vous aimeriez votre nature et suivriez sa volonté. Les personnes qui aiment leur métier y travaillent sans relâche, sans manger ni se reposer, mais vous n'appréciez pas votre nature autant qu'un tourneur apprécie son métier, un danseur son art, un amateur d'argent sa richesse ou un vaniteux sa réputation. Ces personnes, lorsqu'elles ont une grande passion pour quelque chose, renonceront même à manger et à dormir pour perfectionner leur art. Alors, pourquoi considérez-vous que les actions qui profitent à la société sont moins dignes de vos efforts et de votre temps ?

2. Atteignez facilement une paix totale : Éliminez les impressions négatives en un clin d'œil !

Il est si simple d'écarter et d'éradiquer toute impression gênante ou inappropriée, et de retrouver instantanément une paix totale.

3. Restez fidèle à la nature : Embrasser sa voie unique et ignorer les critiques en cours de route

Évaluez chaque parole et chaque action en accord avec la nature afin de déterminer si elles vous conviennent. Ne vous laissez pas influencer par les critiques des autres ou par leurs paroles. Si quelque chose mérite d'être dit ou fait, ne vous rabaissez pas en le disqualifiant. Chacun a son propre principe directeur et suit son propre chemin. Ne vous préoccupez pas de leurs voies. Au contraire, continuez à suivre votre propre voie naturelle tout en adhérant à la nature universelle, car les deux voies sont alignées.

4. De la graine à la terre : embrasser le cycle naturel de la vie et de la mort

Je suivrai le cours naturel des événements jusqu'à ce que je meure et que je relâche mon souffle dans l'élément dont je tire régulièrement de l'air. Je retournerai également à la terre, celle-là même où mon père a recueilli la semence, où ma mère a obtenu le sang et où ma nourrice m'a donné du lait. Cette terre m'a nourri et abreuvé pendant d'innombrables années, et a même supporté que j'en use et que j'en abuse constamment.

5. Au-delà de la brillance : Embrasser les qualités que l'on peut contrôler

Vous prétendez que les hommes ne peuvent pas apprécier la brillance de votre esprit. D'accord, mais il y a d'autres qualités dont vous ne pouvez nier qu'elles sont à votre portée. Mettez en avant ces vertus : la sincérité, la gravité, la persévérance, la résistance à l'excès, le contentement de ce que vous avez, la gentillesse, l'honnêteté, la simplicité, la magnanimité. Il existe de nombreux traits de caractère dont vous pouvez facilement faire preuve, sans blâmer vos capacités innées. Pourtant, vous continuez à choisir de vivre en deçà de votre potentiel. Est-ce que vous blâmez la nature pour votre tendance à vous plaindre, à vous accrocher à vos possessions, à vous flatter, à critiquer votre corps et à rechercher l'approbation des autres ? Non, vous avez le pouvoir de changer. Si vous souffrez de lenteur intellectuelle, faites des efforts pour vous améliorer. N'ignorez pas le problème et ne vous sentez pas à l'aise avec vos lacunes.

6. Devenir un être social : L'importance de reconnaître la gentillesse et d'éviter l'endettement

Une personne, après avoir aidé une autre, peut considérer qu'il s'agit d'une faveur accordée et l'ajouter à son compte. Une autre personne peut ne pas déclarer qu'il s'agit d'une faveur, mais considère que l'autre lui est redevable dans son propre esprit. Et un autre encore, comme une vigne qui porte ses fruits, n'enregistre même pas la bonne action. Tout comme un cheval court ou une abeille produit du miel, un homme, une fois qu'il a accompli un acte de bonté, ne cherche pas à être reconnu, mais passe à un autre, comme la vigne porte de nouveaux raisins en saison.

Une personne doit-elle alors agir de cette manière inconsciente ? Oui. Mais il est essentiel de faire attention à ses actes pour reconnaître son rôle en tant qu'être social, et de souhaiter que les autres le voient aussi. Cependant, vous ne le comprenez pas tout à fait, et si vous ne le comprenez pas, vous risquez de devenir comme ceux qui ont été mentionnés plus tôt, même si vous pensez avoir de bonnes raisons. Mais si vous prenez le temps de comprendre cette idée, vous n'aurez pas à vous inquiéter de ne pas réussir à être une personne sociale.

7. Zeus, que la pluie tombe : Une prière athénienne pour une récolte abondante

Une prière athénienne : Zeus, cher Zeus, que la pluie tombe sur les champs labourés et les plaines d'Athènes. Nous ne devons pas prier de manière excessive, mais plutôt de manière directe et digne.

8. Accepter notre destin : Comprendre le sens des actions et des événements prescrits

Nous devons comprendre le sens d'affirmations telles que "Esculape a prescrit à cet homme des exercices à cheval, des bains froids ou des pieds nus" ou "l'univers a prescrit à cet homme une maladie, une mutilation ou une perte". Dans le premier cas, le terme "prescrit" fait référence à une action recommandée au bénéfice de la santé de l'individu. Dans le second cas, il signifie que ce qui arrive à une personne est prédéterminé d'une manière qui correspond à son destin.

Tout comme les ouvriers utilisent le terme "convenable" lorsqu'ils assemblent des pierres carrées dans un mur ou dans les pyramides, les choses qui nous sont "convenables" conviennent à notre destin. L'univers est une composition de tous les corps, chacun avec un destin, formant un tout cohérent. Même ceux qui ne sont pas bien informés comprennent quand nous disons que la "nécessité" ou le "destin" apporte quelque chose à une personne - c'est ce qui lui a été prescrit. Nous devrions donc accepter ce qui nous arrive parce que cela correspond à notre destin, tout comme nous acceptons les traitements désagréables d'Esculape dans l'espoir d'améliorer notre santé.

Nous devons reconnaître que les choses jugées bonnes et souhaitables par la nature doivent être considérées comme aussi importantes que notre santé, et nous efforcer de les réaliser. Même si quelque chose de désagréable se produit, nous devons l'accepter car cela conduira finalement à la prospérité et au bonheur de l'univers. Zeus, en tant qu'incarnation de l'univers, ne nous infligerait pas de mal si ce n'était pas pour notre bien et celui de l'univers.

Il est faux d'être mécontent de ce qui nous arrive, car cela a été fait pour notre bien et est lié à notre destin. De plus, même les événements qui nous arrivent individuellement contribuent à la perfection et à la continuité de l'univers. Si nous rejetons ce qui nous arrive, nous perturbons l'harmonie et l'ordre de l'univers. C'est pourquoi nous devons accepter tout ce qui nous arrive, aussi désagréable que cela puisse paraître.

9. Embrasser le voyage de la philosophie : Trouver la sagesse dans l'échec et s'aligner sur la nature humaine

Ne soyez pas dégoûtés, découragés ou insatisfaits si vous ne parvenez pas à adhérer à des principes justes dans tout ce que vous faites. Au contraire, lorsque vous échouez, revenez et contentez-vous du fait que la plupart de vos actions sont conformes à la nature humaine. Aimez le chemin sur lequel vous revenez et ne traitez pas la philosophie comme un maître. Appliquez plutôt ses enseignements comme une personne qui a mal aux yeux applique une éponge humide ou un sparadrap. Ce faisant, vous resterez fidèle à la raison et y trouverez du réconfort. Rappelez-vous que la philosophie n'exige que des choses conformes à votre nature, mais que vous pouvez désirer quelque chose qui va à l'encontre de celle-ci. Vous pouvez arguer que ce que vous faites vous fait plaisir, mais n'est-ce pas la raison pour laquelle le plaisir est trompeur ? Demandez-vous si la magnanimité, la liberté, la simplicité, l'équanimité et la piété ne sont pas plus agréables. Qu'y a-t-il de plus agréable que la sagesse elle-même lorsque vous contemplez la sécurité et le bonheur qui découlent de la compréhension et de la connaissance ?

10. La recherche de sens dans un monde de ténèbres et de changements : Sagesse stoïcienne sur l'acceptation et l'autoréflexion

Les philosophes ont trouvé beaucoup de choses mystérieuses et difficiles à comprendre, et même les sages stoïciens se sont battus avec certaines d'entre elles. Il est naturel que nous changions d'avis, car personne ne reste éternellement le même. Mais lorsque nous considérons la nature éphémère et insignifiante des choses que nous apprécions, qui pourraient tout aussi bien appartenir à un criminel de bas étage ou à une personne immorale, il semble inutile de les tenir en haute estime. Même nos semblables, une fois examinés de près, se révèlent imparfaits et difficiles à supporter. Dans ce monde de ténèbres, de saleté et de changements constants, il est difficile de trouver quoi que ce soit qui mérite vraiment notre attention ou notre poursuite.

Nous devrions plutôt nous réconforter en acceptant le cours naturel de la vie et ne pas nous laisser perturber par les retards ou les obstacles. Nous pouvons nous appuyer sur deux principes directeurs : premièrement, tout ce qui nous arrive est conforme à l'ordre naturel de l'univers ; deuxièmement, nous avons le pouvoir d'agir en harmonie avec notre nature divine et notre conscience. Personne ne peut nous forcer à trahir ces principes, et cette seule pensée devrait nous apporter la paix.

11. Réflexion sur l'état de mon âme : suis-je un enfant, un tyran ou une bête sauvage ?

Qu'est-ce qui occupe mon âme en ce moment ? Je dois constamment me poser cette question et évaluer l'état de mon principe directeur. Quelle âme suis-je en train d'incarner : celle d'un enfant, d'un jeune, d'une femme faible, d'un tyran, d'un animal domestique ou d'une bête sauvage ?

12. La majorité contre la perception individuelle : Qu'est-ce qui définit vraiment le "bien" ?

Nous pouvons apprendre quelles sont les choses considérées comme bonnes par la majorité en observant simplement. Si quelqu'un croit en certaines vertus telles que la prudence, la tempérance, la justice et la force d'âme, il n'acceptera pas les idées qui vont à l'encontre de ces croyances. En revanche, si quelqu'un croit initialement à ce que la majorité considère comme bon, il acceptera volontiers toutes les idées qui vont dans le même sens. Cela met en évidence les différences de perception entre les personnes. Si ce n'était pas le cas, nous ne rejetterions pas le dicton selon lequel la richesse et le luxe mènent au bonheur, tout en l'acceptant comme étant spirituel et approprié. Examinons donc si nous devrions accorder de l'importance à des choses que l'auteur de la bande dessinée décrit avec justesse, à savoir que ceux qui les possèdent n'ont pas d'endroit où se soulager en raison d'un excès pur et simple.

13. Incassable : L'évolution éternelle de la forme et de la matière

Je suis composé de forme et de matière, qui ne disparaîtront pas dans l'inexistence puisqu'elles n'ont pas été créées à partir du néant. En raison du changement, chaque partie de moi se transformera progressivement en un autre aspect de l'univers, qui lui aussi évoluera continuellement en quelque chose d'autre pour l'éternité. C'est grâce à ce cycle perpétuel que mes ancêtres et moi-même existons et continuerons d'exister à jamais. Cette affirmation reste vraie, même si l'univers est régi par des périodes de rotation spécifiques.

14. Libérer le pouvoir de la raison et de la philosophie : Catorthoseis et l'art des actes justes

La raison et la philosophie sont puissantes en elles-mêmes, capables d'atteindre les objectifs qu'elles se sont fixés. Elles partent de leurs propres principes fondamentaux et avancent vers leurs objectifs, d'où le terme "Catorthoseis" ou actes justes, soulignant qu'elles suivent le bon chemin.

15. La vraie nature de l'homme : Pourquoi les possessions matérielles ne sont pas la clé du succès

Rien ne doit être considéré comme appartenant à un homme s'il n'est pas conforme à sa véritable nature d'homme. Ces choses ne sont ni nécessaires, ni promises par sa nature, ni essentielles pour atteindre son but ultime. Ainsi, la finalité de l'homme ne réside pas dans ces choses, et ce qui soutient cette finalité est ce qui est vraiment bon. De plus, si l'une de ces choses appartenait à l'homme, il serait injuste qu'il la méprise et qu'il travaille contre elle. Un homme ne peut être loué pour s'être volontairement privé de ces choses, et il ne peut être considéré comme bon s'il s'en abstient. Cependant, plus un homme se détache de ces choses, ou de choses similaires, et supporte la perte avec patience, meilleur il est.

16. Teintez votre esprit de positivité : Comment vos habitudes façonnent votre être intérieur

Vos pensées habituelles façonnent le caractère de votre esprit, comme l'âme est colorée par elles. Par conséquent, laissez votre esprit se teinter d'un flot continu de pensées positives, telles que : si une personne peut vivre quelque part, elle peut également y vivre bien. Si une personne vit dans un palais et peut y vivre bien, elle peut aussi vivre bien dans une résidence moins opulente.

En outre, n'oubliez pas que chaque chose a un but pour lequel elle a été créée et qu'elle tend vers ce but. C'est dans l'objectif final que réside l'avantage et le bien de chaque chose. Pour un être raisonnable comme l'homme, la société est le but ultime car nous sommes faits pour cela, comme nous l'avons vu plus haut.

Enfin, il est évident que les choses inférieures existent pour les choses supérieures. Les êtres vivants sont supérieurs aux êtres non vivants, et parmi les êtres vivants, ceux qui ont la raison sont les plus supérieurs.

17. La folie de la poursuite de l'impossible : La poursuite inévitable des méchants

Chercher l'impossible est insensé, et il est inévitable que les méchants adoptent un tel comportement.

18. Incassable : Le pouvoir de la force d'âme face aux défis de la vie

Il n'y a rien qui puisse arriver à une personne sans qu'elle ait la capacité naturelle de le supporter. D'autres peuvent vivre les mêmes événements, mais rester indemnes, soit parce qu'ils ne les reconnaissent pas, soit parce qu'ils ont la force d'âme nécessaire pour les surmonter. Il est vraiment dommage que la suffisance et le manque de connaissances l'emportent souvent sur le bon jugement.

19. L'âme indestructible : immunisée contre les influences des circonstances de la vie

L'âme n'est pas affectée par les choses elles-mêmes, pas même un tout petit peu. Les choses ne peuvent ni pénétrer dans l'âme, ni l'affecter, ni la manipuler, ni l'influencer. L'âme a le pouvoir de se tourner et de se déplacer par elle-même, et tout jugement qu'elle juge approprié est basé sur sa propre perception des choses qui lui sont présentées.

20. Surmonter les obstacles : Comment l'homme et la nature façonnent le succès

D'une certaine manière, les humains sont les êtres les plus proches de moi car je dois faire le bien et les tolérer. Cependant, si certains individus font obstacle à mes bonnes actions, ils deviennent des entités neutres, comme le soleil, le vent ou les animaux sauvages. Bien que ces éléments puissent entraver mes actions, ils n'affectent pas mes émotions ou mon caractère, qui possèdent la capacité de s'adapter et de se modifier en conséquence. L'esprit transforme tout obstacle en avantage pour ses opérations. Ainsi, les obstacles deviennent des portes vers le progrès, et les barrages routiers deviennent un chemin vers le succès.

21. Le pouvoir intérieur : Respecter la qualité suprême qui guide et dirige votre vie

Respectez la qualité suprême de l'univers, qui utilise et guide toutes choses. De même, respectez la qualité suprême en vous, qui est de la même nature. Car en vous aussi, c'est la force qui utilise tout le reste et dirige votre vie.

22. Garantir un impact positif : Le pouvoir des lignes directrices pour protéger les citoyens et l'État

Si quelque chose n'a pas d'impact négatif sur l'État, cela n'aura pas non plus d'impact négatif sur les citoyens. Chaque fois qu'il semble y avoir un préjudice, utilisez cette ligne directrice : si cela ne nuit pas à l'État, cela ne me nuira pas. Toutefois, si un préjudice est causé à l'État, ne vous fâchez pas contre la personne responsable. Aidez-la plutôt à comprendre où elle s'est trompée.

23. L'illusion de la permanence : Pourquoi nous devrions cesser d'être tourmentés par les choses éphémères

On pense souvent à la rapidité avec laquelle les choses passent et disparaissent, qu'il s'agisse de celles qui existent ou de celles qui naissent. La substance est comme une rivière qui coule continuellement, et les activités des choses changent constamment, les causes agissant dans des variations infinies. Il n'y a pratiquement rien qui reste constant. Considérez la vaste étendue du passé et de l'avenir, dans laquelle toutes les choses finissent par disparaître, juste à côté de vous. N'est-il pas insensé de se gonfler ou de se tourmenter pour ces choses éphémères, de se rendre malheureux ? Elles ne vous contrarient que pour un temps.

24. L'étonnante prise de conscience de notre insignifiance dans l'univers

Considérez la substance de l'univers, dont vous ne possédez qu'une fraction minuscule ; l'étendue du temps, dont vous n'avez reçu qu'un bref et fugace moment ; le pouvoir immuable du destin, et votre insignifiance par rapport à lui.

25. Laisser l'Univers prendre le volant : Accepter le contrôle et abandonner les rancunes

Si quelqu'un me fait du tort, il peut s'en occuper lui-même. Elle a sa propre personnalité, son propre programme. Actuellement, je ne reçois que ce que l'univers veut pour moi et j'agis conformément à mes propres désirs.

26. Maîtrise de l'âme : Comment contrôler les sensations physiques et accueillir les connexions naturelles sans jugement

Gardez la partie de votre âme qui dirige et gouverne, à l'abri des sensations physiques de plaisir ou de douleur. Ne la laisse pas se confondre avec elles, mais au contraire, contrôle-les et enferme-les dans leurs limites. Cependant, lorsque ces sensations affectent votre esprit en vertu de la connexion naturelle qui existe dans votre corps, n'essayez pas d'y résister, car c'est naturel. Mais ne permettez pas à la partie dirigeante de votre âme de juger ces sensations comme bonnes ou mauvaises.

27. Vivre avec les dieux : trouver la compréhension et la raison en tant que gardien et guide

Faites l'expérience de la vie avec les dieux. On vit vraiment avec eux lorsqu'on se montre constamment satisfait de la voie assignée et qu'on accomplit les souhaits de sa conscience. Zeus a accordé à chaque individu une partie de lui-même pour lui servir de gardien et de guide, connue sous le nom de compréhension et de raison.

28. S'attaquer aux mauvaises odeurs : Comment résoudre les problèmes d'hygiène personnelle sans conflit

Êtes-vous contrarié par une personne dont les aisselles dégagent une odeur désagréable ? Ou contre quelqu'un dont l'haleine empeste ? Demandez-vous à quoi sert la colère. Il est inévitable que de telles émanations proviennent de ces parties du corps. Cependant, l'individu possède la raison. On peut dire que s'il en fait l'effort, il peut percevoir la source du problème. J'espère que vous trouverez une solution. Si vous rationalisez avec lui, vous pouvez stimuler son raisonnement et l'aider à reconnaître son erreur. En le conseillant, vous pouvez éliminer le problème sans recourir à la colère.

29. Vivre selon ses propres conditions : Prendre le contrôle de sa vie avant qu'il ne soit trop tard

Comme vous envisagez de vivre lorsque vous ne serez plus présent sur cette terre, il est de votre ressort de vivre de cette manière dès maintenant. Toutefois, si les autres ne vous le permettent pas, quittez la vie, mais d'une manière qui ne vous nuise pas. Si la maison est enfumée, je la quitte. Pourquoi devriez-vous percevoir cela comme un obstacle ? Si rien de tel ne m'oblige à partir, je reste librement et personne ne peut m'empêcher de faire ce que je désire, c'est-à-dire agir conformément à la nature d'un être rationnel et social.

30. L'univers intelligent et social : L'orchestration magistrale de ses composantes complémentaires

L'univers est intelligent et fonctionne de manière sociale. Il a créé les choses les moins importantes pour servir le plus grand bien et a conçu les choses les plus importantes pour qu'elles se complètent. Vous pouvez observer comment il a arrangé, organisé et distribué chaque chose à sa juste place et a harmonisé les meilleures choses les unes avec les autres.

31. Réflexion sur une vie de respect et de gentillesse : Avez-vous vécu une vie irréprochable ?

Avez-vous traité les dieux, vos parents, vos frères et sœurs, vos enfants, vos enseignants, vos gardiens, vos amis, vos proches et vos esclaves avec respect ? Demandez-vous si vous avez traité tout le monde d'une manière qui ferait dire aux autres : "Ils n'ont jamais fait de mal à personne, ni en paroles ni en actes". Souvenez-vous des défis que vous avez relevés et de la résilience dont vous avez fait preuve. L'histoire de votre vie est terminée et votre service a pris fin. Pensez aux belles choses dont vous avez été témoin, aux plaisirs et aux douleurs que vous avez endurés, et aux choses honorables que vous avez rejetées. Pensez au nombre de personnes malveillantes envers lesquelles vous avez fait preuve de gentillesse.

32. La bataille du savoir : Pourquoi les ignorants s'opposent aux experts

Pourquoi les personnes non qualifiées et ignorantes dérangent-elles ceux qui possèdent l'expertise et la compréhension ? Quelle est l'âme qui possède de telles aptitudes et connaissances ? Celle qui comprend le début et la fin, qui comprend la cause sous-jacente qui imprègne toute matière, et qui gouverne l'univers à travers des périodes de temps établies.

33. Une poursuite creuse : Pourquoi nos valeurs n'ont pas de sens face à la mortalité

Bientôt, très bientôt, vous deviendrez des cendres ou un squelette, réduits à n'être qu'un nom ou peut-être même pas cela. Les noms ne sont que des sons et des échos. Les choses auxquelles nous accordons de la valeur dans la vie sont dénuées de sens, pourries et insignifiantes - comme des petits chiens qui se mordent les uns les autres, ou des enfants qui se chamaillent, rient, puis pleurent. La loyauté, la décence, la justice et la vérité ont toutes disparu.

Alors, pourquoi vous attarder ici, alors que les choses que vous pouvez toucher et voir sont en constante évolution, que vos sens ne sont pas fiables et que votre âme n'est qu'un sous-produit de votre état physique ? Avoir une bonne réputation dans un monde comme celui-ci n'est qu'une vaine réussite. Pourquoi ne pas attendre que votre heure vienne en paix, que vous cessiez d'exister ou que vous passiez à un autre plan d'existence ? D'ici là, de quoi avez-vous besoin ? Ne devriez-vous pas vénérer et remercier les dieux, faire de bonnes actions pour vos semblables et cultiver la patience et la maîtrise de soi ? Tout ce qui dépasse le cadre de la chair et du souffle que vous possédez ne vous appartient pas et n'est pas sous votre contrôle.

34. Le chemin vers une vie constamment heureuse : Les choix conscients et les principes partagés de Dieu et des humains

Vous pouvez mener une vie constamment heureuse en suivant la bonne voie et en faisant des choix et des actions réfléchis. Ces principes sont partagés par l'âme de Dieu, l'âme des humains et tous les êtres rationnels. Ils incluent la capacité à éviter d'être entravé par les autres et la croyance que la justice et sa mise en œuvre sont des principes fondamentaux de la bonté. Vos désirs devraient également s'aligner sur ce code moral.

35. Pourquoi vous inquiéter ? Comprendre l'impact des actes individuels répréhensibles sur le bien commun

Si cela ne découle pas de ma propre faute et ne nuit pas au bien-être général, pourquoi devrais-je me sentir inquiet ? Quel est le préjudice causé au bien commun ?

36. Au-delà des apparences : Aider les autres et cultiver la bonne fortune

Veillez à ne pas agir de manière irréfléchie en vous basant uniquement sur les apparences. Au contraire, aidez les autres en fonction de vos propres capacités et de leurs besoins. Et s'ils ont subi des pertes dans des affaires de peu d'importance, ne considérez pas cela comme un préjudice réel ; c'est une mauvaise mentalité.

Quand vous êtes sur la Rostra, avez-vous oublié ce qui compte vraiment ? Bien sûr, c'est peut-être important pour ces gens, mais est-ce que ça vaut la peine de se ridiculiser ? J'ai eu de la chance, mais je n'en ai plus. Je ne sais pas exactement comment cela s'est produit. Mais être chanceux signifie que l'on a cultivé une bonne fortune : une attitude positive, des sentiments optimistes et des actes vertueux.

LIVRE 6

— Ouvrez votre voie à l'épanouissement

Embrassez la bienveillance de l'univers ! Acceptez l'ordre naturel des choses et contentez-vous du moment présent. Rappelez-vous que la vie est éphémère, alors faites en sorte que chaque instant compte. Vivez avec un but et un sens, en relevant les défis de la vie avec vertu et gentillesse. Reconnaître l'interconnexion de toutes les choses et cultiver une appréciation du monde naturel. Respecter l'environnement et tout ce qui s'y trouve. Donner la priorité à la connaissance, à la raison et à la recherche intellectuelle. Recherchez la sagesse des grands philosophes et leaders, et appliquez leurs enseignements à votre vie quotidienne. Vous avez le pouvoir d'avoir un impact positif sur le monde. Utilisez ce pouvoir à bon escient et vivez une vie dont vous pouvez être fier !

1. L'harmonie dans l'univers : Comment l'obéissance et la rationalité règnent sans malice

La substance de l'univers est obéissante et conforme. La raison gouvernante n'a aucun motif de faire le mal, puisqu'elle n'a pas d'intention malveillante et qu'elle ne fait de mal à personne. Toutes les choses sont créées et perfectionnées selon cette rationalité.

2. Se concentrer sur l'instant présent : Comment se débarrasser des distractions et donner le meilleur de soi-même

Ne vous préoccupez pas de savoir si vous avez froid ou chaud pendant que vous faites votre devoir. Ne vous inquiétez pas non plus si vous vous sentez somnolent ou bien reposé. Ne te préoccupe pas de savoir si les gens disent du mal de toi ou s'ils te félicitent. Et que tu sois en train de mourir ou de faire autre chose, cela n'a pas vraiment d'importance. La mort n'est que l'une des choses que nous faisons dans la vie. Concentre-toi donc sur ce que tu fais de mieux, quoi que tu fasses en ce moment.

3. Libérer votre potentiel intérieur : Accueillir la différence en soi et dans les autres

Cherchez-en vous-même et ne laissez pas la nature distinctive ou la valeur de quoi que ce soit vous échapper.

4. L'anéantissement inévitable : Comment le changement conduit à la désintégration et à la transformation

Tout ce qui existe subit inévitablement des changements, ce qui conduit à son anéantissement final en se désintégrant ou en se transformant en vapeur - en supposant que toute la matière est fondamentalement la même.

5. Comprendre la raison gouvernante : Décrypter la disposition, les actions et le matériel

La raison gouvernante comprend sa propre disposition, ses actions et le matériel qu'elle utilise.

6. Rompre le cycle : Pourquoi la vengeance n'est pas la solution

La manière la plus efficace de se venger est de ne pas imiter la partie offensée.

7. Trouver la paix intérieure : Comment garder Dieu à l'esprit lors des transitions sociales peut apporter du plaisir

Appréciez quelque chose et trouvez-y de la paix. Lorsque vous passez d'une activité sociale à une autre, gardez Dieu à l'esprit.

8. L'autonomisation par la transformation : Le principe directeur qui façonne et influence les perceptions

Le principe directeur est celui qui s'agite et se transforme activement. Lorsqu'il se façonne dans la forme souhaitée, il perçoit également tous les événements conformément à sa volonté.

9. Le plan parfait de la nature : Comment tout est réalisé dans l'univers

Toute chose dans l'univers est réalisée conformément à sa nature. Chaque chose est accomplie d'une manière qui n'est pas conforme à une autre nature, qu'il s'agisse d'une nature comprise de l'extérieur, d'une nature comprise à l'intérieur de cette nature ou d'une nature extérieure et indépendante de celle-ci.

10. L'univers : Chaos ou ordre ? L'importance de vos croyances

Soit l'univers est chaotique, avec des choses enchevêtrées et dispersées, soit il s'agit d'un système cohérent et ordonné, guidé par la providence. Dans le premier cas, pourquoi devrais-je me préoccuper d'un mélange désordonné de choses et d'un tel désordre ? Pourquoi me préoccuper d'autre chose que de faire corps avec la terre à la fin ? Et pourquoi m'inquiéter alors que la dispersion de mes éléments est inévitable, quoi que je fasse ? En revanche, si la seconde hypothèse est vraie, alors j'ai du respect et de la confiance dans celui qui gouverne, et je reste ferme dans mes convictions.

11. Reprendre le contrôle : comment se reconnecter à soi-même dans les moments difficiles

Lorsque les circonstances vous ont contraint à vous perturber, reconnectez-vous rapidement avec vous-même. Ne laissez pas votre manque d'harmonie persister au-delà de la durée de la contrainte. En faisant des efforts constants pour rétablir l'harmonie, vous parviendrez à mieux la contrôler.

12. Philosophie : Votre belle-mère au tribunal, votre mère dans la vie

Si vous aviez à la fois une belle-mère et une mère, vous devriez du respect à votre belle-mère, mais vous reviendriez toujours à votre mère. Pensez à la philosophie et à la Cour de la même manière, comme à une marâtre et à une mère. Réfugiez-vous souvent dans la philosophie et trouvez la paix en elle, afin que ce que vous avez à affronter au tribunal vous paraisse supportable et que vous puissiez paraître admirable aux yeux du tribunal.

13. Démasquer les illusions : Voir au-delà de la surface des objets

Lorsqu'on nous présente de la viande ou d'autres aliments, nous les percevons souvent comme de simples restes d'animaux sans vie. De même, nous considérons le vin comme du simple jus de raisin et les vêtements comme de la laine de mouton teinte avec du sang de crustacés. Ces perceptions pénètrent les objets eux-mêmes, nous permettant de les voir pour ce qu'ils sont vraiment.

Tout au long de notre vie, nous devrions nous efforcer d'aborder toutes les choses avec le même degré d'attention. Même les objets qui semblent les plus dignes de nos louanges et de notre attention doivent être examinés de près, et tous leurs attributs doivent être dépouillés pour révéler leur véritable manque de valeur. Il est trop facile de se laisser tromper par les apparences, et même les activités les plus précieuses en apparence peuvent finalement nous décevoir.

Considérez, par exemple, la sagesse de Crates lorsqu'il parle de Xénocrate lui-même.

14. La hiérarchie de l'admiration : Des pierres aux âmes rationnelles

La plupart des choses qui suscitent l'admiration des masses sont celles qui sont les plus générales, comme les pierres, le bois, les figuiers, les vignes et les oliviers, qui sont maintenus ensemble par la cohésion ou l'organisation naturelle. Cependant, ceux qui possèdent un peu plus de raison ont tendance à admirer les créatures vivantes comme les troupeaux. En outre, ceux qui sont très bien informés aiment les choses qui sont maintenues ensemble par une âme rationnelle, mais pas n'importe quelle âme, seulement celle qui est compétente dans un art ou une expertise, ou simplement rationnelle en termes de possession d'un groupe d'esclaves. Pourtant, ceux qui accordent de l'importance à une âme rationnelle et universelle, adaptée à la vie politique, ne chérissent rien d'autre que cela. Ils donnent la priorité au maintien de leur âme dans un état d'être et de performance conforme à la raison et aux normes sociétales, et ils travaillent avec des individus qui partagent les mêmes valeurs.

15. Accepter le caractère éphémère de la vie : Trouver une valeur dans le changement constant

Beaucoup de choses naissent, d'autres meurent, et même parmi celles qui viennent de naître, certaines ont déjà disparu. Le monde est en perpétuel changement et mouvement, tout comme le temps qui s'écoule sans fin et se renouvelle. Dans ce flux en perpétuel changement, qu'y a-t-il que l'on puisse apprécier à sa juste valeur ? Ce serait comme tomber amoureux d'un moineau qui passe et disparaît rapidement. Telle est la nature de la vie pour chaque personne, comme l'expiration du souffle et l'inspiration de l'air. De même que nous inspirons et expirons à chaque instant, de même nous recevons le pouvoir de respirer à la naissance, pour le rendre ensuite à l'élément d'où nous l'avons tiré.

16. Au-delà de la gloire et des possessions matérielles : La vraie valeur de l'éducation et de l'apprentissage

La transpiration des plantes et la respiration des animaux, qu'ils soient domestiques ou sauvages, n'ont pas de valeur, pas plus que la simple réception de stimuli sensoriels ou le fait d'être mû par des désirs comme des marionnettes sur des ficelles ou de rassembler des troupeaux, ou même simplement de se nourrir de nourriture - car cela revient à jeter des déchets. Qu'est-ce qui a vraiment de la valeur dans la vie ? Les applaudissements des autres ? La réponse est non. Les louanges des autres, pour la plupart, ne sont que des claquements de langue. Alors, si la célébrité ne vaut pas la peine d'être recherchée, qu'est-ce qui vaut vraiment la peine d'être apprécié ? À mon avis, c'est d'apprendre à se mouvoir et à se contrôler en accord avec sa vraie nature, que l'on peut atteindre à travers toutes les activités et tous les métiers. Chaque métier vise à rendre sa création la mieux adaptée à l'usage auquel elle est destinée ; le viticulteur cultive le raisin pour produire du bon vin ; le dresseur de chevaux enseigne l'obéissance aux bêtes de somme ; et le dresseur de chiens éduque les canidés pour qu'ils accomplissent des tâches spécifiques. Ce concept d'excellence, adapté à la nature de chacun, est également à la base de l'éducation et de l'enseignement. Le reconnaître est la véritable valeur de l'éducation et de l'apprentissage, et cela suffit à satisfaire nos besoins. En se concentrant sur cet idéal, on peut se libérer du désir d'autres biens extérieurs qui ne sont pas vraiment essentiels au bonheur. On évitera également d'être envieux, jaloux ou insécurisé par les possessions des autres et de comploter pour les posséder soi-même. En respectant et en honorant son propre esprit, on peut trouver le contentement, l'harmonie avec la société, l'accord avec les dieux et accepter tous les dons et les ordres qui viennent d'eux, sans se plaindre.

17. Révéler la progression divine de la vertu au sein du mouvement chaotique

Partout autour de nous, les éléments sont en mouvement constant, vers le haut, vers le bas et tout autour. Cependant, l'essence de la vertu ne se trouve dans aucun de ces mouvements. La vertu est d'une nature plus divine, progressant tranquillement le long d'un chemin qui passe souvent inaperçu, tout en procédant avec grâce et facilité.

18. L'obsession particulière : Rechercher la validation des générations futures

Le comportement des hommes est assez particulier ! Au lieu de montrer de la gratitude envers leurs contemporains, ils recherchent la validation des générations futures qu'ils n'auront jamais la chance de rencontrer. Ils accordent une grande importance au fait d'être félicités par des personnes qu'ils n'ont jamais vues et qu'ils ne verront jamais. Or, cela revient à se sentir gêné par le fait que des personnes qui, dans le passé, ne vous ont pas apprécié.

19. Croyez en vos capacités : Surmonter les défis et réussir

Si quelque chose est difficile à accomplir pour vous, ne croyez pas que c'est impossible pour l'humanité. En revanche, si une chose est réalisable par l'homme et correspond à nos caractéristiques innées, ayez la foi que vous pouvez y arriver aussi.

20. Pardonner à ses partenaires de gymnastique : Comment des accidents mineurs peuvent nous apprendre à abandonner la colère et l'évitement

En gymnastique, imaginez qu'un homme vous ait accidentellement griffé avec ses ongles ou frappé à la tête, provoquant une blessure. Malgré le mal, nous ne devons pas nous mettre en colère, nous offenser ou le considérer comme une personne perfide. Au contraire, nous devons rester prudents à son égard, non pas en tant qu'ennemi ou avec suspicion, mais en l'évitant tout simplement. De même, cette attitude doit guider votre comportement dans tous les autres aspects de la vie. De la même manière que nous négligeons les petits accidents dans le gymnase avec nos partenaires d'entraînement, nous devrions apprendre à pardonner et à négliger beaucoup de choses chez ceux qui sont comme nos adversaires. Rappelez-vous que nous avons le pouvoir de nous écarter et d'éviter tout sentiment négatif à leur égard.

21. L'ouverture d'esprit : Volonté d'apprendre et d'accepter la vérité

Si quelqu'un peut me convaincre et me démontrer que je ne pense pas ou n'agis pas correctement, je suis prêt à changer. Mon but est de découvrir la vérité, car elle ne fait de mal à personne. Cependant, ceux qui restent dans leurs erreurs et leur manque de connaissances sont ceux qui souffrent.

22. Le devoir : Une volonté inébranlable d'atteindre le but de la vie

J'accomplis mon devoir et ne m'occupe de rien d'autre. Ce qui ne possède pas de vie ou de raison, ou qui s'est égaré sans direction, ne me dérange pas.

23. Trouver un équilibre entre la générosité et la grâce sociale : Interagir avec les animaux, les objets et les humains

En ce qui concerne les animaux et les objets inanimés, utilisez-les avec générosité et un esprit libéral, car ils sont dépourvus de raison. En revanche, lorsque vous interagissez avec des humains, qui possèdent la raison, adoptez une approche sociale. N'oubliez pas d'invoquer les dieux en toutes circonstances, et ne vous préoccupez pas de la durée de votre invocation ; trois heures suffisent.

24. Un destin commun : Le destin commun d'Alexandre de Macédoine et de son muletier dans la mort

Alexandre de Macédoine et son muletier ont connu le même sort par la mort. Soit ils ont été reçus dans les mêmes principes fondamentaux de l'univers, soit leurs atomes ont été dispersés de la même manière.

25. La création simultanée du cosmos : Explorer le lien entre le corps, l'âme et l'univers

Pensez à tout ce qui se passe simultanément en nous, dans notre corps et dans notre âme. Il n'est donc pas surprenant que tout ce qui existe dans l'univers, ce que nous appelons le Cosmos, naisse en même temps.

26. La clé, c'est le calme : Comment s'acquitter de ses responsabilités sans se laisser perturber

Si quelqu'un vous demandait comment épeler le nom Antoninus, est-ce que vous épelleriez chaque lettre avec une voix tendue ? Et si cette personne se mettait en colère, vous mettriez vous aussi en colère ? Ou bien resteriez-vous calme et épeleriez-vous calmement chaque lettre ? De même, dans la vie, rappelez-vous que chaque responsabilité est composée de certaines actions qu'il est de votre devoir d'accomplir. Vous devez accomplir ces actions avec sang-froid, sans vous laisser perturber ni montrer de la colère envers ceux qui pourraient vous en vouloir. Continuez à aller de l'avant et terminez la tâche qui vous a été confiée.

27. **Laissez-les apprendre : Les dangers de priver les hommes de la possibilité de donner le meilleur d'eux-mêmes**

Quelle cruauté que de refuser aux hommes la possibilité de poursuivre ce qu'ils jugent adapté et bénéfique à leur nature ! D'une certaine manière, en vous énervant lorsqu'ils se trompent, vous les privez de cette poursuite. Ils sont naturellement attirés par ce qu'ils croient être bon pour eux, mais leur perception peut ne pas correspondre à la réalité. Au lieu de vous mettre en colère, enseignez-leur et guidez-les, éclairez leur compréhension.

28. **Au-delà de la tombe : L'acceptation de l'ultime libération du monde matériel**

La mort marque la fin des perceptions sensorielles, la cessation des désirs et du fonctionnement rationnel de l'esprit, ainsi que l'abandon des attaches matérielles.

29. **L'abandon de l'âme : Pourquoi le corps nous survit**

Il est dommage que l'âme soit la première à abandonner dans la vie alors que le corps persévère.

30. **Être un disciple vertueux : embrasser la justice et la dévotion tout en évitant la corruption de César**

Veillez à ne pas ressembler à César, à ne pas vous laisser corrompre par ses méthodes, car c'est un phénomène bien trop courant. Efforcez-vous plutôt d'être sincère, vertueux et authentique. Débarrassez-vous de tout comportement affecté, en adoptant la justice et la dévotion au divin. Soyez bon, aimant et travailleur dans tout ce qui est noble. Restez ferme dans votre quête de toutes les vertus que la philosophie vous a enseignées, et cherchez toujours à servir à la fois les dieux et vos semblables. N'oublie pas de vivre comme un disciple d'Antonin, en t'attachant à ses traits de caractère exemplaires : sa constance, son raisonnement, sa spiritualité, la douceur de son visage et de son attitude, son désintérêt pour la gloire, son désir de tout comprendre, ses évaluations minutieuses et approfondies, sa capacité à tolérer les critiques infondées et à respecter l'opinion d'autrui, sa réticence à agir avec insouciance, sa résistance aux commérages, sa conscience aiguë du comportement et des manières, son absence de tendance à critiquer ou à juger les autres, son courage et sa patience, son sens de la modestie dans ses exigences, et sa capacité à se contrôler sans compter sur des aides extérieures. Essayez de suivre ses traces afin que, lorsque vos dernières heures approcheront, vous puissiez les affronter avec la même conscience claire que lui.

31. S'éveiller à la réalité : Le pouvoir de la perspective pour distinguer les rêves de la vie

Revenez à la réalité et sortez de votre torpeur. Une fois que vous vous êtes réveillé et que vous avez réalisé qu'il ne s'agissait que de simples rêves qui vous ont perturbé, regardez votre environnement de la même manière que vous avez regardé ces rêves.

32. Le paradoxe du contrôle : Naviguer aux limites de l'âme et du corps

Je suis composé d'un corps physique et d'une âme. Mon corps physique est incapable de distinguer les différences entre les choses, mais mon intelligence le peut. Tout ce qui n'est pas créé par mes propres actions est considéré comme indifférent par mon entendement. En revanche, tout ce qui est le résultat de mes propres actions est sous mon contrôle. Cependant, seules les actions qui sont faites actuellement sont réellement sous mon contrôle. Les actions de mon esprit dans le passé et le futur sont considérés comme indifférentes dans le moment présent.

33. Accueillir le travail au sein de notre nature : Comprendre l'harmonie entre le travail et l'être humain

Le travail des mains ou des pieds n'a rien d'anormal si chacun accomplit la tâche qui lui est assignée. De même, il n'y a rien d'intrinsèquement mauvais dans le travail d'une personne s'il correspond à ses capacités et à ses devoirs en tant qu'être humain. Si le travail d'une personne n'est pas en conflit avec sa nature, il ne peut être considéré comme intrinsèquement mauvais ou nuisible.

34. Explorer le côté obscur du plaisir : les indulgences des voleurs, des patricides et des tyrans

Combien de plaisirs se sont offerts aux brigands, aux patricides, aux tyrans.

35. La particularité de la raison humaine : Une comparaison avec l'artisanat

Ne remarquez-vous pas que les artisans adaptent leur travail à ceux qui ne maîtrisent pas leur métier, tout en respectant les principes de leur métier et en refusant de s'en écarter ? N'est-il pas singulier que les architectes et les médecins respectent davantage les principes de leurs professions respectives que les humains ne respectent leur propre raison, qui est partagée avec les dieux ?

36. La perspective dans l'univers : Du mont Athos aux serpents venimeux

L'Asie et l'Europe ne sont que de simples coins du vaste univers, tandis que toutes les mers ne sont que des gouttes d'eau dans son étendue infinie. Même le grand mont Athos n'est qu'une minuscule motte de terre dans le grand ordre des choses. Quant au temps présent, il n'est qu'un instant fugace dans l'immensité de l'éternité.

Toutes les choses, qu'elles soient grandes ou petites, sont sujettes au changement et à l'impermanence. Elles proviennent toutes de la même puissance universelle, directement ou indirectement. Ainsi, même les mâchoires féroces du lion, le venin des serpents, et même les choses nuisibles comme les épines et la boue ne sont rien d'autre que des sous-produits du magnifique et de la splendeur.

Il ne faut donc pas les considérer comme différents ou inférieurs à la chose que l'on vénère. Formez plutôt une opinion juste et impartiale sur la source de tout ce qui existe dans l'univers.

37. L'ultime vérité : Témoigner du présent dévoile les secrets de l'éternité

Celui qui est témoin du présent a tout vu, y compris tout ce qui s'est passé pendant l'éternité et tout ce qui se passera pendant toute l'éternité. C'est parce que toutes les choses sont liées et partagent une forme commune.

38. La danse harmonieuse de l'interconnexion : Comment l'unité de l'univers crée un environnement plus convivial

Considérez l'interconnexion de tous les éléments de l'univers et les relations qu'ils entretiennent les uns avec les autres. Toutes les choses sont liées et interconnectées, ce qui crée un environnement amical. Le mouvement actif, l'accord mutuel et l'unité de substance sont les raisons de cette harmonie amicale.

39. Accueillir le changement : L'amour authentique pour les gens dans votre vie

Adaptez-vous aux circonstances qui se sont présentées à vous et accueillez les personnes qui font désormais partie de votre vie. Aimez-les sincèrement et avec authenticité.

40. Le pouvoir intérieur : L'acceptation de la rationalité dans l'univers

Tout objet, outil ou récipient remplit sa fonction et est considéré comme bon, indépendamment de l'absence de son créateur. Cependant, dans les objets naturels, il existe une force innée qui les maintient ensemble et cette force reste en eux. Il est donc essentiel de respecter ce pouvoir et de croire que si vous vivez et agissez conformément à sa volonté, vos actions s'alignent sur la rationalité. Ce principe s'applique également à l'univers, puisque tout y est conforme au raisonnement.

41. Maîtrisez votre jugement : Le secret pour mettre fin au blâme et à l'hostilité envers Dieu et les autres

Si vous croyez que les choses indépendantes de votre volonté sont bonnes ou mauvaises pour vous, vous blâmerez inévitablement les dieux et détesterez ceux qui sont responsables de vos malheurs ou de vos pertes. C'est une injustice, car nous ne devrions pas faire de différence entre des choses indifférentes. En revanche, si nous ne jugeons bonnes ou mauvaises que les choses sur lesquelles nous avons un contrôle, il n'y a aucune raison de blâmer Dieu ou d'être hostile aux autres.

42. Travailler ensemble pour un objectif commun : découvrir sa place dans l'univers

Nous travaillons tous ensemble à la réalisation d'un objectif commun, certains intentionnellement et d'autres sans le savoir. Comme l'a dit Héraclite, même lorsque nous dormons, nous contribuons à l'univers. Cependant, les façons dont nous contribuons diffèrent. Certains d'entre nous travaillent sans relâche pour critiquer et s'opposer à ce qui se passe, mais même ces individus ont une place dans l'univers. C'est à vous de déterminer à quelle catégorie de travailleurs vous appartenez. Si vous vous alignez sur le bien commun, le maître de toutes choses vous utilisera à bon escient et vous enrôlera comme un précieux coopérateur. Évitez de devenir comme le vers insignifiant et risible de la pièce de Chrysippe.

43. Guerres météorologiques : la bataille entre les corps célestes pour les biens de la Terre

Le soleil et Esculape s'efforcent-ils d'assumer respectivement les responsabilités de la pluie et de la porteuse de fruits (la terre) ? En outre, comment les différents astres contribuent-ils différemment tout en collaborant à un objectif commun ?

44. Le paradoxe du destin : faire confiance aux dieux ou prendre sa vie en main ?

Si les dieux ont prédéterminé mon destin et les événements qui doivent se produire dans ma vie, alors j'ai confiance en leur prévoyance. Il est en effet difficile de concevoir une divinité qui ne planifie rien. De plus, pourquoi voudraient-ils me faire du mal ? Quel avantage en tireraient-ils ou quel but cela servirait-il au monde dont ils ont la charge ?

Cependant, même si les dieux n'ont pas prédéterminé ma vie, ils ont au moins établi le grand schéma des choses. Quoi qu'il arrive dans le cadre de ce plan universel, je dois l'accepter avec grâce et m'en contenter. Mais si nous supposons que les dieux n'ont aucun contrôle sur notre destin - une pensée moralement répugnante - alors nous ne devons ni leur faire d'offrandes, ni les prier, ni prêter serment en leur nom. Nous ne devons rien faire qui indique que nous croyons en leur présence et en leur implication dans notre vie.

Mais si les dieux ne déterminent pas notre destin, alors je peux déterminer mon propre destin. Je peux poursuivre ce qui est pratique et bénéfique pour moi. Et ce qui m'est bénéfique est ce qui est en harmonie avec ma nature rationnelle et sociale. En tant que citoyen de Rome, je suis heureux de faire ce qui profite à ma ville et à mon pays. Mais en tant que membre de l'humanité, je reconnais que les seules activités valables pour moi sont celles qui profitent au monde entier.

45. L'effet d'entraînement du bénéfice : comment le gain d'une personne peut aider l'ensemble de la société

Peu importe ce qui arrive à un individu, cela sert en fin de compte le plus grand bien de l'univers. Cela devrait suffire pour comprendre. Cependant, il est important de reconnaître que ce qui est bénéfique pour une personne l'est probablement aussi pour d'autres. Gardez à l'esprit que le terme "bénéfique" dans ce contexte fait référence à des choses qui ne sont ni bonnes ni mauvaises en soi.

46. Briser la monotonie de la vie : Un plaidoyer pour la nouveauté et la diversité

Dans l'amphithéâtre et dans d'autres lieux similaires, le fait de voir les mêmes choses à plusieurs reprises peut rendre le spectacle lassant. Il en va de même pour la vie, puisque tout ce qui nous entoure est essentiellement le même et provient de la même source. Combien de temps cela va-t-il encore durer ?

47. Memento Mori : Réflexions sur la vie des grands et l'importance de la vertu

Rappelez-vous que des personnes de tous les horizons, de toutes les nations et engagées dans toutes sortes d'activités ont quitté ce monde. Imaginez que même des gens comme Philistion, Phoebus et Origanion soient partis. Maintenant, concentrez-vous sur les autres groupes de personnes. Risquons-nous vers un lieu où résident de grands orateurs et des philosophes estimés - Héraclite, Pythagore, Socrate. N'oubliez pas non plus les nombreux héros, généraux et dictateurs, suivis de scientifiques brillants comme Eudoxe, Hipparque, Archimède, et d'autres qui possèdent des capacités naturelles aiguisées, un esprit irrépressible, un amour sans limite pour le travail et une tendance à se moquer de la nature impermanente et éphémère de la vie humaine, comme Ménippe et d'autres. Considérez que tous ces gens sont morts depuis longtemps. Mais quelle importance ? Qu'en est-il de ceux dont les noms ne sont pas reconnus du tout ? Il y a une chose qui est particulièrement importante : vivre une vie de vérité et de justice, avoir une attitude compatissante envers même les trompeurs et les injustes.

48. Emuler des comportements vertueux : Trouver la joie dans ceux qui nous entourent

Si vous voulez ressentir de la joie, concentrez-vous sur les vertus des personnes qui vous entourent. Prenez note de la productivité d'une personne, de l'humilité d'une autre, de la générosité d'une troisième ou des traits positifs d'une quatrième. Il n'y a rien de plus satisfaisant que de voir les vertus s'illustrer dans les comportements de ceux que nous côtoyons. Nous devons donc les garder à l'esprit et essayer de les imiter.

49. Adopter le contentement : Pourquoi la gratitude pour le temps limité dont nous disposons est la clé du bonheur

Vous n'êtes pas malheureux, je suppose, parce que vous n'avez qu'une certaine somme d'argent et pas trois cents. De même, ne soyez pas mécontent de ne pouvoir vivre qu'un nombre limité d'années ; de même que vous vous contentez de la quantité de biens qui vous est attribuée, soyez satisfait du temps dont vous disposez.

50. Aller à l'encontre de la volonté de justice : Trouver le succès au milieu de l'obstruction

Essayons de les convaincre, quitte à aller à l'encontre de leur volonté lorsque cela est conforme aux principes de la justice.

Toutefois, si quelqu'un fait obstruction à votre action en utilisant la force, trouvez du réconfort dans le contentement et la paix. Profitez de l'entrave pour exercer une autre vertu. Il est important de se rappeler que votre tentative était conditionnelle et que vous ne visiez pas l'impossible. Quel était alors votre objectif ? Quelque chose comme ça. Mais vous atteignez votre objectif si les choses qui vous ont motivé ne sont pas accomplies.

51. De la célébrité à la sagesse : La perception du bénéfice personnel

La personne qui désire la gloire considère les réalisations d'autrui comme son propre bénéfice, et l'individu qui recherche le plaisir n'accorde de valeur qu'à ses propres expériences. En revanche, ceux qui possèdent la sagesse perçoivent leurs propres actions comme une source de bienfait personnel.

52. Libérer le pouvoir de rester impartial : Pourquoi le fait de s'abstenir d'émettre des opinions change la donne

Nous avons le pouvoir de nous abstenir de nous faire une opinion sur une question et de rester tranquilles dans notre âme. En effet, les choses ne possèdent pas en elles-mêmes la capacité de façonner nos jugements.

53. L'empathie en action : Maîtriser l'art de l'écoute active

Habituez-vous à écouter activement les autres et faites de votre mieux pour vous mettre à leur place.

54. Le danger de l'action individuelle : Comment elle affecte l'ensemble de la colonie d'abeilles

Ce qui est néfaste pour la collectivité l'est aussi pour chaque abeille.

55. L'importance du respect : comment la désobéissance met en danger des vies en mer et en médecine

Si les marins maltraitent le timonier ou si les malades manquent de respect au médecin, respecteront-ils une autre autorité ? Comment le timonier peut-il assurer la sécurité des personnes à bord du navire, ou le médecin le bien-être de ses patients, s'ils ne sont pas respectés et écoutés ?

56. Survivre au temps : Réflexion sur ceux que nous avons perdus en chemin

Beaucoup de ceux qui sont venus au monde avec moi ne sont plus là.

57. Le pouvoir des fausses opinions : Comparaison avec le miel amer et la peur de l'eau

Le goût amer du miel pour les personnes atteintes de jaunisse et la peur de l'eau pour les personnes mordues par des chiens enragés sont comparables au plaisir que les petits enfants trouvent dans une balle. Alors, pourquoi suis-je en colère ? Croyez-vous qu'une fausse opinion ait moins de pouvoir que la bile d'une personne atteinte de jaunisse ou que le poison d'une personne mordue par un chien enragé ?

58. Libérez votre nature rationnelle : Vivre sans limites en harmonie avec l'Univers

Personne ne vous empêchera de vivre en accord avec votre propre nature rationnelle, et rien ne vous arrivera qui aille à l'encontre de la rationalité de l'univers.

59. La recherche d'un compagnon désirable : Les aspirations des hommes et le passage du temps

Quels types d'individus les hommes aspirent-ils à satisfaire, et pourquoi ? Par quelles actions visent-ils à y parvenir ? Par ailleurs, à quelle vitesse le temps va-t-il occulter tous les événements, et combien en a-t-il occulté jusqu'à présent ?

LIVRE 7

— Être gentil, être vertueux, être en paix

Restez fidèle à vos convictions, car la méchanceté vous est familière. Votre valeur réside dans vos affections, alors réfléchissez bien à ce que vous dites. Faites de votre mieux avec ce que vous avez, ayez confiance en vous et soyez en paix avec l'avenir incertain. Rappelez-vous que tout ce qui est physique disparaîtra, mais que les choses abstraites seront absorbées par l'univers. Faites en sorte que vos actions soient naturelles ou logiques, car tout est instable. Répandez la bonté et résistez à l'envie de vous transformer pour vous adapter, car la compréhension apporte le confort. Le bonheur vient du fait de connaître sa place et d'être vertueux. La mort et le changement sont naturels, alors apprenez à lâcher prise et à pardonner. Concentrez-vous sur le présent, soyez gentil et vivez maintenant. Agir avec vertu est noble, alors luttez pour ce qui est juste et appréciez la beauté. Tout est cyclique et nous pouvons tirer des leçons du passé pour rendre le monde meilleur. Restez positifs et déterminés, et visez l'excellence.

1. Le cycle sans fin de la "méchanceté" reconnaissable : De l'époque médiévale à notre monde moderne

Qu'est-ce que la "méchanceté" ? C'est ce que vous avez déjà rencontré à maintes reprises. Par conséquent, chaque fois que quelque chose se produit, rappelez-vous que c'est quelque chose que vous avez déjà vu. Les mêmes choses se retrouvent un peu partout, comme dans les vieux livres d'histoire du Moyen-Âge et même aujourd'hui. Ces choses se retrouvent dans les villes et les maisons, même aujourd'hui. Il n'y a rien de nouveau ou d'inédit ; tout est reconnaissable et temporaire.

2. Reprendre le contrôle : Gardez vos principes allumés et restez debout dans votre état d'esprit

Comment nos principes peuvent-ils mourir si les pensées qui les accompagnent ne sont pas étouffées ? Il est de votre ressort de maintenir ces pensées allumées. Je peux avoir l'opinion appropriée sur n'importe quoi, alors pourquoi cela devrait-il me perturber ? Les choses extérieures n'ont aucune influence sur mon état d'esprit. Si vous conservez cet état d'esprit, vous vous tiendrez debout. Vous avez le pouvoir de vous réapproprier votre vie. Commencez par regarder les choses à travers le même prisme qu'auparavant. C'est ainsi que vous reprendrez le contrôle de votre vie.

3. Distractions, humour et valeur : Les activités triviales de la vie

Les activités triviales de divertissement, les représentations théâtrales, les rassemblements de moutons et de bétail, les exercices de lance, le lancer d'os aux petits chiens, la dispersion de miettes de pain dans les viviers, et les activités diligentes des fourmis et des bêtes de somme, y compris la course des souris effrayées et la manipulation des marionnettes à fils - tout cela est identique. Par conséquent, il est de votre devoir de faire preuve de bonne humeur lors de ces distractions plutôt que d'afficher une attitude hautaine, tout en reconnaissant que la valeur d'une personne est équivalente à la valeur des activités qu'elle a choisies.

4. Maîtriser l'art de l'observation et de l'écoute actives : Les clés pour comprendre les objectifs et les représentations

Lors d'une conversation, soyez attentif à ce qui est dit. Lorsque vous observez une action, prenez note de ce qui est fait. Dans le premier cas, faites un effort conscient pour comprendre l'objectif. Dans le second cas, concentrez-vous sur ce qui est représenté.

5. Utiliser la nature universelle : Relever le défi de la réussite des tâches

Ai-je la compréhension nécessaire pour cette tâche ? Si c'est le cas, je l'utiliserai comme un outil qui m'a été accordé par la nature universelle. Toutefois, si ma compréhension est insuffisante, je me retirerai de la tâche et laisserai quelqu'un de plus compétent la prendre en charge, à moins qu'il n'y ait une raison impérieuse de ne pas le faire. Sinon, je ferai de mon mieux pour accomplir la tâche avec l'aide de quelqu'un qui, guidé par mes valeurs fondamentales, pourra la mener à bien d'une manière bénéfique pour la société. En fin de compte, tout ce que moi ou quelqu'un d'autre peut accomplir doit être uniquement axé sur ce qui est bénéfique et pertinent pour la société.

6. De la gloire à l'oubli : Les histoires inédites des célébrités oubliées et perdues

Combien d'individus, autrefois célébrés par la gloire, ont été oubliés au fil du temps ? Inversement, combien d'individus qui ont célébré la gloire d'autres personnes sont décédés depuis ?

7. Vaincre ses batailles avec de l'aide : Pourquoi l'assistance ne doit pas être une source d'embarras

Ne vous sentez pas gêné de recevoir de l'aide, car votre devoir est le même que celui d'un soldat qui attaque une ville. Si vous n'êtes pas en mesure de monter seul sur les remparts en raison d'un handicap physique, il est possible de le faire avec l'aide d'une autre personne.

8. Accueillir l'avenir avec audace : L'approche rationnelle pour faire face à l'inconnu

Ne vous laissez pas déstabiliser par l'inconnu de l'avenir, car vous y ferez face, le cas échéant, avec la même approche rationnelle que celle que vous utilisez pour les circonstances actuelles.

9. Le lien sacré : comment tout est interconnecté dans l'univers

Tout est lié, et ce lien est sacré. Il n'existe pratiquement rien d'entièrement détaché d'une autre chose. Toutes les choses ont été reliées en coordination et se combinent pour former le même ordre de l'univers. Il n'existe qu'un seul univers comprenant toutes les entités, et un seul dieu imprègne tout. En outre, il existe une seule substance, une seule loi et une raison commune qui s'applique à toutes les créatures intelligentes, et une seule vérité. S'il y a bien une excellence pour tous les animaux de la même lignée qui partagent cette raison commune.

10. S'évanouir dans l'infini : La nature éphémère des domaines physique, causal et mémoriel

Toutes les choses physiques finissent par se dissoudre dans l'ensemble de l'existence ; toute causalité est rapidement absorbée dans la logique universelle ; et tous les souvenirs sont rapidement submergés par le passage du temps.

11. Équilibrer la rationalité et l'instinct : explorer les actions naturelles et raisonnables

Pour un être rationnel, la même action peut être considérée comme naturelle et raisonnable.

12. Choisir la droiture : La clé d'une vie épanouie

Sois droit, ou deviens droit.

13. Le pouvoir de la collaboration : Accepter notre rôle en tant que membres du système humain

Tout comme les membres d'un corps unifié, les êtres rationnels individuels sont également conçus pour coopérer. Vous pouvez mieux comprendre cela en vous rappelant que vous faites partie du système des êtres rationnels. Mais si vous ne vous considérez que comme un élément de ce système, vous n'aimez pas encore vraiment les autres. Vous n'éprouvez pas la joie de la bonté pour elle-même et ne la considérez que comme une question de bienséance, au lieu de faire le bien pour vous-même.

14. Le pouvoir de la perception : Comment une vision différente des événements extérieurs peut vous aider à contrôler vos pensées

Les événements extérieurs peuvent affecter les parties de moi qui peuvent ressentir, et si ces parties sont affectées, elles peuvent choisir de se plaindre. Cependant, si je ne considère pas ces événements comme négatifs, je ne suis pas blessé et j'ai le pouvoir de contrôler mes pensées.

15. Rester vertueux : la voie d'émeraude

Quoi que l'on fasse ou dise, je dois rester vertueux. C'est comme les gemmes d'or, d'émeraude ou de pourpre qui l'affirment toujours. Je dois être comme une émeraude et conserver ma couleur pure, quelles que soient les actions ou les paroles des autres.

16. L'esprit incassable : Le secret de la sérénité de l'âme sans peur

L'esprit ne se trouble pas, il ne s'effraie pas et ne se fait pas mal. Néanmoins, si quelqu'un d'autre peut l'effrayer ou le blesser, qu'il le fasse. Car l'esprit ne se transformera pas dans ces états sans une influence extérieure. Laissons au corps le soin de se maintenir indemne et de communiquer si nécessaire. Cependant, l'âme, qui peut éprouver la peur et la douleur et qui a un contrôle total sur la création d'opinions à leur sujet, ne souffrira jamais en s'engageant dans une telle réflexion. Le principe directeur de l'esprit ne veut rien sans le vouloir, et c'est ce qui le rend serein et désinhibé, s'il ne se dérange pas et ne s'entrave pas.

17. Bannir l'imagination : La quête d'un bonheur sans artifice

Le bonheur, ou eudaemonia, est une force positive. Alors, pourquoi es-tu ici, imagination ? Partez, comme vous êtes venue, par la grâce des dieux, car je n'ai plus besoin de vous. Pourtant, vous persistez dans vos vieilles habitudes. Je ne vous en veux pas, mais partez, s'il vous plaît.

18. La nécessité d'accepter le changement : Du bain aux résultats bénéfiques

Quelqu'un a-t-il peur du changement ? Que peut-il se passer sans lui ? Existe-t-il quelque chose de plus conforme à l'ordre naturel ? Peut-on même prendre un bain sans que le bois ne se transforme ? Pouvez-vous subvenir à vos besoins sans que la nourriture ne subisse de modifications ? Serait-il possible d'obtenir tout autre résultat bénéfique sans changement ? Ne voyez-vous pas qu'il est tout aussi nécessaire pour vous d'accepter le changement que pour l'ensemble de l'univers ?

19. Surfer sur le torrent universel : Comment le temps consume tout - Réflexions à partir du verset 23, chapitre 6, verset 15

Tous les corps sont emportés par un torrent furieux de substance universelle, naturellement unis et coopérant avec le tout, comme les parties de notre propre corps. Le temps a déjà englouti d'innombrables philosophes comme Chrysippe, Socrate et Épictète. Considérez cette même inévitabilité pour chaque personne et chaque chose.

20. Respecter la nature humaine : Éviter les actions et les moments inappropriés

La seule chose qui me préoccupe est la possibilité d'agir d'une manière contraire à la constitution de la nature humaine, que ce soit par des moyens inappropriés ou à un moment inopportun.

21. Refonte de la langue : Raffiner un oubli imminent

Votre oubli de toutes choses est proche, tout comme l'oubli de vous par tout le monde.

22. L'amour inconditionnel : Pardonner les erreurs de la famille

Il est étrange de constater que les humains peuvent aimer même ceux qui commettent des erreurs. Cela se produit lorsque vous reconnaissez qu'ils font partie de votre famille et qu'ils ont agi par ignorance ou sans le vouloir. Nous mourrons tous un jour, alors pourquoi garder rancune ? Plus important encore, la personne qui vous a fait du tort n'a pas nui à votre capacité à prendre de bonnes décisions.

23. La force de transformation de la substance globale de la nature

Le pouvoir naturel de la substance englobante lui confère diverses formes, semblables à de la cire, et la fait passer du cheval à l'arbre, puis à l'homme, et enfin à une autre entité, l'existence de chaque être étant éphémère. Cependant, la désintégration du vaisseau n'est pas un grief, tout comme sa configuration initiale n'était pas laborieuse.

24. Au-delà de l'attrait : Les dangers des froncements de sourcils fréquents et la perte de la justification de la vie

Une expression renfrognée n'est absolument pas naturelle ; lorsqu'elle est fréquemment adoptée, elle entraîne la perte de tout attrait et finit par l'éteindre complètement, pour ne plus jamais se rallumer. Ce fait même suggère qu'elle est déraisonnable. Si la conscience de la faute cesse d'exister, quelle raison y a-t-il de continuer à vivre ?

25. Le renouvellement sans fin de la nature : Gouverner et changer le monde

La nature régit tout et modifie constamment ce que nous voyons. Elle crée de nouvelles choses à partir de la substance de celles qui existent déjà, afin que le monde soit toujours renouvelé.

26. Le pouvoir de la perspective : comment la compréhension des autres peut vous aider à pardonner et à faire preuve d'empathie

Lorsque quelqu'un vous fait du tort, prenez le temps de réfléchir à son point de vue sur ce qui est bien ou mal. Comprendre cela vous permettra de ressentir de l'empathie au lieu d'être choqué ou en colère. Après tout, soit vous partagez la même opinion qu'eux sur ce qui est bon ou mauvais, soit vous avez un point de vue différent.

Dans ce cas, vous devez lui pardonner. Mais si vous n'êtes pas d'accord avec son point de vue, vous pouvez toujours faire preuve de compréhension et de gentillesse à l'égard d'une personne qui peut se tromper.

27. Embrassez ce que vous avez : L'art d'apprécier sans s'attacher

Ne vous concentrez pas sur ce qui vous manque, mais plutôt sur ce que vous possédez. Choisissez les plus belles choses parmi elles et considérez à quel point vous les désireriez si vous ne les aviez pas déjà. Cependant, veillez à ne pas trop vous attacher à ces objets, ce qui vous amènerait à surestimer leur valeur et à être déstabilisé si vous les perdiez.

28. Découvrez la paix intérieure : Libérer le pouvoir de la rationalité en vous

Allez à l'intérieur de vous-même. Le principe rationnel qui gouverne a une disposition naturelle à trouver le contentement en faisant ce qui est juste, atteignant ainsi la paix intérieure.

29. Maîtriser l'art du lâcher-prise : Accueillir le moment présent et contrôler ce qui est à portée de main

Éliminez les pensées fantaisistes. Cessez d'essayer de contrôler les situations qui vous échappent. Concentrez-vous uniquement sur le moment présent. Comprendre clairement les événements qui vous affectent ou qui affectent les autres. Classer tous les objets en fonction de leur cause ou de leur composition matérielle. Considérer sa propre mortalité. Permettre que les répercussions des actes répréhensibles d'une personne restent à l'endroit où le mal s'est produit.

30. Découvrir les intentions : L'importance des mots et des actes

Se concentrer sur les mots prononcés. Comprendre les actions et les acteurs qui en sont à l'origine.

31. Le pouvoir de la modestie : Suivre Dieu et respecter la loi dans un monde complexe

Embrasser la simplicité et la modestie, en restant indifférent à tout ce qui se trouve entre la vertu et le vice. Aimer l'humanité tout entière et suivre fidèlement Dieu. Comme l'a dit un poète, la loi régit tout, et il est essentiel de se rappeler qu'elle règne en maître.

32. Transformation ou cessation : L'issue inévitable de la mort

En ce qui concerne la mort, qu'elle implique la dispersion, l'atomisation ou l'annihilation, elle aboutit en fin de compte soit à la cessation, soit à la transformation.

33. Endurer la douleur : le réconfort de l'esprit et la rébellion du corps

La douleur est une chose curieuse. Alors qu'une douleur atroce peut nous débiliter et nous accabler, endurer une douleur pendant une période prolongée peut être plus tolérable. Dans ces moments-là, notre esprit trouve du réconfort en se tournant vers l'intérieur, en maintenant la tranquillité et en préservant l'intégrité de notre volonté. Cependant, les parties de notre corps qui sont affectées par la douleur ont le droit de s'exprimer si elles le souhaitent.

34. Le prix de la célébrité : Découvrir l'esprit de ceux qui la recherchent

En ce qui concerne la célébrité, examinez la mentalité de ceux qui y aspirent. Prenez note de leurs caractéristiques, de ce qu'ils fuient et de ce qu'ils poursuivent. Gardez à l'esprit que, tout comme le sable obscurcit les couches qui le recouvrent, les événements de la vie masqueront bientôt ceux qui les ont précédés.

35. Le paradoxe d'une mentalité hautaine : Pourquoi Platon croit que la mort n'est pas négative

Platon a dit un jour : "Une personne à la mentalité élevée, qui perçoit toute l'existence à travers l'histoire et la substance, peut-elle vraiment considérer la vie humaine comme digne d'intérêt ? Non, c'est impossible", a-t-il commenté. "Ainsi, cette personne croira que la mort n'est pas un événement négatif. Absolument pas.

36. Vertu royale : Le pouvoir de faire le bien dans l'adversité - Inspirations d'Antisthène

Antisthène a dit : "La vraie royauté, c'est de faire le bien même quand on est maltraité".

37. L'esprit sur l'apparence : L'équilibre essentiel pour l'autorégulation

Le visage doit obéir et se régler sur les directives de l'esprit, tandis que l'esprit ne doit pas se régler lui-même. Ce comportement est essentiel.

38. Lâcher le bagage émotionnel : Pourquoi il est inutile de s'inquiéter pour des questions non pertinentes

Il est inutile de s'inquiéter pour des choses qui ne concernent pas nos émotions.

39. Répandre la joie : Faire plaisir aux dieux immortels et à nous-mêmes

Réjouissons les dieux immortels et nous-mêmes.

40. La récolte de la vie : Le cycle de la naissance et de la mort

La vie doit être récoltée comme du maïs mûr. Une personne naît, une autre meurt.

41. La raison de l'indifférence des dieux à mon égard et à l'égard de mes enfants

Si les dieux ne se soucient pas de moi et de mes enfants, il doit y avoir une raison à cela.

42. Le pouvoir de la bonté et de la justice : Une découverte personnelle

Je suis en possession de la bonté et de la justice.

43. La sérénité stoïque : Maîtriser le contrôle émotionnel et la résilience

Il n'est pas nécessaire de se joindre aux lamentations douloureuses des autres, ni de manifester des émotions intenses.

44. L'erreur du talent : La réponse de Platon à la priorité donnée au risque sur la morale

Selon Platon, je répondrais à cet homme en disant : vous vous trompez si vous pensez qu'une personne talentueuse ne doit prendre en compte que le risque de vie ou de mort, au lieu de se demander si ses actions sont justes ou injustes, ou si elle illustre les qualités d'une bonne ou d'une mauvaise personne.

45. Faire face à la mort avec honneur : L'importance du devoir et de la loyauté

Car la vérité, messieurs d'Athènes, c'est que là où un homme s'est positionné ou a été désigné par un commandant comme l'endroit le plus avantageux pour lui, il doit rester là et affronter le risque sans envisager la mort ou toute autre issue, plutôt que de se montrer déshonorant en désertant son devoir.

46. De la survie à l'épanouissement : un examen de la noblesse et de la bonté

Cher ami, demandons-nous si la noblesse et la bonté se distinguent de la simple survie. Il n'est pas sage de s'attarder sur la durée de vie d'un homme véritable, car ce n'est pas là notre principale préoccupation. Nous ne devons pas nous accrocher à la vie, mais confier notre destin au divin et accepter la sagesse des femmes qui nous rappellent que le destin est inéluctable. Concentrons-nous plutôt sur la manière dont nous pouvons vivre au mieux le temps qui nous est imparti.

47. Voyage avec les étoiles : Une réflexion purificatrice sur les échanges de la nature

Observez la course des étoiles comme si vous voyagiez avec elles. Contemplez également les échanges entre les éléments naturels. Ces réflexions purifient les impuretés de l'existence terrestre.

48. D'un point de vue plus élevé : Examiner l'humanité à travers les yeux de Platon

Platon a dit un jour : "Lorsque l'on parle de l'humanité, il faut observer les choses terrestres comme si l'on se trouvait à un point de vue plus élevé. Cela inclut l'examen des assemblées, des armées, des travaux agricoles, des mariages, des traités, des naissances, des décès, de l'agitation des salles d'audience, des terres vides, des diverses nations barbares, des célébrations, des deuils, des marchés, et un mélange de toutes sortes de situations et d'harmonieux mélanges d'opposés".

49. Examiner 40 ans ou 10 000 ans : prédire les changements politiques à venir

Pensez au passé : il y a eu d'immenses changements politiques. Vous pouvez également anticiper ce qui se passera à l'avenir, car il est probable que les choses se dérouleront de la même manière. La façon dont les choses se passent aujourd'hui est susceptible de se poursuivre. Par conséquent, examiner la vie humaine pendant quarante ans revient à l'examiner pendant dix mille ans. Car que reste-t-il à voir ?

50. Origines célestes : Explorer le retour à la maison des éléments célestes

Ce qui vient de la terre y retourne. En revanche, ce qui vient du ciel retourne à son origine céleste. Cela s'explique par la séparation des atomes ou la dispersion de substances sans vie aux propriétés comparables.

51. Rafraîchissements célestes et tours de passe-passe : Modifier le destin pour éviter les fins tragiques

Avec de délicieux rafraîchissements et des tours de magie sournois, nous voulons changer le cours du destin et éviter une fin tragique. La brise céleste dont nous avons été gratifiés, nous la supporterons et travaillerons avec diligence sans nous plaindre.

52. La véritable mesure de l'excellence : Plus qu'une simple défaite de l'adversaire

Quelqu'un d'autre peut exceller dans la défaite de son adversaire, mais il n'est pas nécessairement plus affable, plus humble, plus prêt à relever n'importe quel défi, ou plus compréhensif des défauts de ses voisins.

53. Sans peur et productif : exploiter la logique universelle des dieux et des humains pour réussir

Chaque fois que nous pouvons accomplir une tâche conformément à la logique universelle des dieux et des hommes, nous n'avons rien à craindre. Si nous nous engageons dans des activités productives qui correspondent à nos capacités naturelles et à notre constitution, nous pouvons être sûrs qu'aucun mal ne nous sera fait. Par conséquent, nous n'avons pas à craindre ce qui nous est bénéfique par le biais d'actions réussies et compatibles.

54. Se donner les moyens d'embrasser la piété et la justice : L'art de la réflexion en pleine conscience

Vous avez toujours le pouvoir d'accepter votre situation actuelle avec piété et de traiter ceux qui vous entourent avec justice. En outre, vous pouvez examiner habilement vos pensées afin d'empêcher celles qui ne sont pas examinées de s'installer à tout moment et en tout lieu.

55. Suivez votre nature : La clé de la rationalité et de l'interaction sociale

Ne vous concentrez pas sur la morale et les valeurs des autres, mais suivez plutôt vos propres instincts naturels. Prêtez attention à la manière dont les choses se passent dans votre environnement et aux actions que vous devez entreprendre en fonction de votre propre nature. Chaque être doit agir en fonction de ses caractéristiques uniques, et tout le reste a été créé pour servir les êtres rationnels. De même, parmi les choses inférieures, le but est de servir les créatures supérieures, mais lorsqu'il s'agit d'êtres rationnels, ils existent pour se servir les uns les autres.

Le principe le plus important qui régit la nature humaine est l'interaction sociale. En outre, nous ne devons pas céder aux exigences de notre corps. C'est à notre intellect qu'il incombe de gouverner nos actions, et il ne doit jamais être dominé par nos sens ou nos appétits, car tous deux sont mus par des instincts animaux. C'est l'intellect qui domine, car il est conçu pour les utiliser tous. Enfin, les êtres rationnels doivent s'efforcer d'être exempts d'erreurs et de tromperies. Par conséquent, si notre boussole morale adhère à ces principes, nous serons sur la bonne voie.

56. Vivre en harmonie avec l'inévitabilité de la mort : Un guide pour trouver un but à la vie

Considérez-vous comme déjà décédé et comme ayant vécu votre vie jusqu'à ce point. Vivez en accord avec la nature pendant le temps qu'il vous reste à vivre.

57. L'amour fatal : Embrasser ce que le destin tisse

N'aimez que ce que le destin vous apporte et qui fait partie de la trame de votre destin. Quoi de plus approprié ?

58. Soyez maître de votre destin : Se débarrasser des distractions extérieures et opter pour la croissance personnelle

Face à n'importe quelle situation, souvenez-vous de ceux qui ont vécu la même chose et de la manière dont ils ont réagi, souvent par la frustration et la critique. Mais qu'en est-il advenu ? Nulle part. Alors, pourquoi choisir de suivre leurs traces ? Au lieu de vous laisser distraire par des éléments extérieurs, concentrez-vous sur la manière d'utiliser au mieux les circonstances qui se présentent à vous. Ce faisant, non seulement vous les gérerez avec aisance, mais vous les utiliserez également comme tremplins pour votre développement personnel. Donnez la priorité à vos propres actions et engagez-vous à être une personne vertueuse dans tout ce que vous faites. N'oubliez pas...

59. Creuser pour trouver la bonté : Déverrouiller le flux infini à l'intérieur

Regardez à l'intérieur de vous. La source de la bonté se trouve au plus profond de soi et coulera perpétuellement si vous continuez à creuser.

60. L'élégance sans effort : L'importance d'un mouvement et d'une posture naturels

Le corps doit être aérodynamique et présenter un mouvement et une posture fluides et naturels. Il est important que le corps reflète l'intelligence et la bienséance exprimées par le visage. Toutefois, cela ne doit pas se faire de manière artificielle ou artificielle.

61. Maîtriser les défis de la vie : L'approche du lutteur

L'art de vivre s'apparente davantage à celui d'un lutteur qu'à celui d'un danseur, car il doit être préparé et inébranlable pour faire face à des défis soudains et imprévus.

62. Attention à l'approbation de qui : Éviter les offenses et les influences douteuses

Soyez toujours attentif à l'approbation que vous recherchez et à leurs croyances morales. Ainsi, vous ne jugerez pas ceux qui vous offensent involontairement et vous ne chercherez pas à obtenir l'approbation de ceux dont les pensées et les désirs sont discutables une fois que vous aurez compris leur raisonnement.

63. Le déficit de vérité et de vertu : Le point de vue d'un philosophe sur la compassion

Le philosophe postule que chaque individu est intrinsèquement privé de la vérité. Ce manque s'étend à d'autres vertus, comme la justice, la tempérance, la bienveillance, etc. Il est essentiel de toujours se souvenir de ce fait. Cela vous amènera à faire preuve de plus de compassion à l'égard de tous ceux qui vous entourent.

64. Idées fausses sur la douleur : comment la gérer et la surmonter

Rappelez-vous, dans les moments de douleur, qu'elle n'est pas déshonorante et qu'elle n'entache pas votre intelligence. Elle n'a aucune incidence sur votre rationalité ou votre sociabilité. Gardez à l'esprit les sages paroles d'Épicure selon lesquelles la plupart des douleurs ne sont pas insupportables et ne sont pas éternelles. Elles ont des limites et ne doivent pas être amplifiées par votre imagination. En outre, il est essentiel de reconnaître que de nombreuses sensations désagréables ne sont pas considérées comme des douleurs, telles que la somnolence, la sensation de surchauffe et le manque d'appétit. Ainsi, lorsque vous vous sentez insatisfait de ces choses, rappelez-vous que vous ne souffrez pas physiquement.

65. Le danger d'imiter des comportements inhumains envers les humains

Veillez à ne pas traiter les inhumains comme ils traitent les humains.

66. La recherche de l'âme : comparaison des caractères de Telauges et de Socrate

Comment déterminer si Telauges était inférieur à Socrate sur le plan du caractère ? Il ne suffit pas de considérer que Socrate est mort plus noblement, qu'il a débattu plus habilement avec les sophistes, qu'il a mieux supporté les nuits froides, ni même qu'il a refusé d'arrêter Léon de Salamine et qu'il s'est pavané en public avec suffisance - bien que ce dernier point soit discutable. Il s'agit plutôt d'explorer la nature de l'âme de Socrate et de déterminer s'il se contentait d'être juste envers les autres et pieux envers les dieux. Il ne se laissait pas affecter outre mesure par la méchanceté des autres et ne devenait pas non plus l'esclave de l'ignorance de qui que ce soit. Il ne considérait pas ce qui lui arrivait comme inhabituel, ni comme insupportable. Il n'a pas laissé son esprit se laisser influencer par les souffrances de son corps physique.

67. Le pouvoir du minimalisme : Devenir un individu divin par l'autogestion et l'obéissance à Dieu

La nature n'a pas mélangé l'intelligence à la composition du corps au point de vous rendre incapable de vous contrôler et de vous gouverner, vous et tout ce qui vous appartient. Vous pouvez être un individu divin, même si personne ne le reconnaît. Gardez cela à l'esprit et rappelez-vous qu'une approche minimaliste de la vie est généralement suffisante pour atteindre le vrai bonheur. N'abandonnez pas la perspective d'être libre, humble, sociable et obéissant à Dieu simplement parce que vous avez abandonné l'idée de devenir un dialecticien habile ou un érudit naturaliste.

68. Libérez le pouvoir qui est en vous : Accueillir la tranquillité au milieu du chaos et considérer les défis comme des opportunités

Il est en votre pouvoir de vivre librement et tranquillement, sans contrainte, même si le monde entier s'oppose à vous et même si des bêtes sauvages attaquent le corps qui vous enveloppe. L'esprit peut maintenir son état de tranquillité, en ayant la capacité de juger équitablement toutes les choses qui l'entourent et d'utiliser avec facilité les objets qui lui sont présentés. Le jugement de l'esprit doit voir la substance d'une chose, indépendamment de la façon dont elle est perçue par les autres, tandis que son utilisation doit identifier ce qui est recherché. Tout ce qui se présente comme matière à vertu, qu'elle soit rationnelle ou politique, devient une occasion d'exercer l'art, qu'il soit humain ou divin. En effet, tout ce qui arrive à une relation soit avec Dieu, soit avec l'homme, et offre une matière habituelle et appropriée pour travailler. Ainsi, rien n'est nouveau ou difficile à traiter.

69. Déverrouiller un caractère moral fort : Vivre chaque jour de manière authentique

La clé d'un bon caractère moral est de vivre chaque jour comme si c'était le dernier, sans s'énerver, sans être insensible ou sans prétendre être quelqu'un que l'on n'est pas.

70. La patience des dieux immortels : Soutenir les mortels défectueux jusqu'à ce qu'ils se lassent de la tolérance

Les dieux immortels ne se sentent pas vexés de devoir tolérer des êtres humains imparfaits pendant une longue période, en particulier les mauvais. Ils veillent également à ce que l'humanité soit bien soignée à tous points de vue. Cependant, en tant que mortel, n'êtes-vous pas fatigué de devoir porter le fardeau du malheur, d'autant plus que vous êtes l'un de ceux qui y contribuent ?

71. Éviter ses propres défauts : Réalisable, mais fuir les défauts des autres ? C'est absurde

Il est absurde qu'une personne n'évite pas ses propres défauts, ce qui est réalisable, mais qu'elle essaie de fuir les défauts des autres, ce qui est inaccessible.

72. Le complexe de supériorité des facultés rationnelles et sociales : Définir l'intelligence et les normes sociétales

Les facultés rationnelles et sociales, par leur nature même, considèrent comme inférieur tout ce qui n'est pas à la hauteur de l'intelligence et des normes sociétales.

73. Le piège de la recherche d'une troisième récompense : Pourquoi les bonnes actions doivent être faites de manière désintéressée

Une fois que vous avez accompli une bonne action et que quelqu'un en a bénéficié, pourquoi continuez-vous à chercher une troisième récompense, comme le font souvent les imbéciles ? Cette troisième récompense peut être la reconnaissance d'une bonne action ou l'obtention de quelque chose en retour. Cependant, de telles attentes sont inutiles et malavisées.

74. La joie inépuisable du partage : Pourquoi les cadeaux utiles ne se démodent jamais

Personne ne se lasse de recevoir quelque chose d'utile. C'est pourquoi il est important d'agir en accord avec la nature. N'hésitez donc pas à partager ce qui est utile aux autres, car vous n'êtes jamais trop fatigué pour offrir quelque chose d'utile.

75. La rationalité de l'univers : Trouver la paix et le calme dans la connaissance

L'univers a été formé par le mouvement du Tout. Cependant, tous les événements qui se produisent aujourd'hui se produisent soit en raison d'une relation de cause à effet, soit en raison d'une continuité. Il est également possible que même les événements les plus importants guidés par le pouvoir dominant de l'univers ne soient pas guidés par des principes rationnels. Se souvenir de ce fait peut vous apporter plus de paix et de calme dans de nombreuses situations.

LIVRE 8

— Vivre en harmonie avec la nature

Prenez le contrôle de votre vie et trouvez le vrai contentement en vivant en accord avec les principes de la nature. Concentrez-vous sur ce que vous désirez vraiment et demandez-vous si vos actions profiteront aux autres. Acceptez le changement et utilisez chaque obstacle comme une opportunité de poursuivre des activités qui s'alignent sur votre objectif humain. Tout ce qui existe a une raison d'être, il faut donc considérer les choses de manière globale pour trouver le bon équilibre. Parlez avec respect et humilité, et croyez que vos actions finiront par profiter à l'humanité. Ne craignez pas la transformation incessante de l'univers et acceptez que toutes les choses soient impermanentes. Chérissez le caractère temporaire de la vie et ne soyez pas trop dur avec vous-même lorsque les choses ne se déroulent pas comme prévu. Vous avez le pouvoir de libérer votre potentiel divin et d'agir pour rendre le monde meilleur. Alors, réveillez-vous et faites quelque chose de bien pour les autres, accueillez les difficultés et choisissez d'être bon aujourd'hui. Vous avez la possibilité de tirer le meilleur parti de votre temps, alors agissez et ne vous plaignez pas.

1. Lâcher le désir de célébrité : Trouver le vrai bonheur en vivant selon sa nature

Cette réflexion porte sur l'abandon du désir de célébrité que l'on ne peut atteindre en menant une vie de philosophe, surtout si l'on n'a pas vécu de cette manière depuis sa jeunesse. Il est clair pour beaucoup, y compris pour vous-même, que vous n'êtes pas un philosophe. Vous avez sombré dans le désordre, ce qui vous empêche de mériter cette réputation, et votre mode de vie actuel ne s'y prête pas.

Si vous l'avez vraiment compris, cessez de vous préoccuper de ce que les autres pensent de vous. Concentrez-vous plutôt sur une vie conforme à votre propre nature. Déterminez ce qu'elle est et ne laissez rien vous en détourner. Vous avez déjà emprunté de nombreux chemins dans la vie sans trouver le vrai bonheur, ni dans la logique, ni dans la richesse, ni dans la célébrité, ni dans le plaisir, ni dans quoi que ce soit d'autre. Alors, où se trouve le vrai bonheur ? Il se trouve dans l'accomplissement de la nature humaine. Comment y parvenir ? En ayant des principes qui guident ses pensées et ses actions.

Quel type de principes ? Ceux qui sont fondés sur le bien et le mal : la conviction que rien n'est bon pour les humains si cela ne les rend pas justes, tempérants, forts et libres, et que tout ce qui fait le contraire est mauvais.

2. Maximiser les moments de la vie : Le pouvoir de l'autoréflexion et de la vie dans un but précis

Avant chaque acte, posez-vous la question suivante : "En quoi cela me concerne-t-il ? Vais-je le regretter ?" Le temps est éphémère et je ne serai bientôt plus là. Alors, que puis-je désirer d'autre ? Si mes actions actuelles sont conformes aux principes d'un être intelligent et social qui respecte la même loi que Dieu, alors je n'ai pas besoin de chercher autre chose.

3. Les vrais géants de la philosophie : comment Diogène, Héraclite et Socrate surpassent les grands dirigeants du monde antique

Alexandre, Caïus et Pompeius font pâle figure face à Diogène, Héraclite et Socrate. Ces grands philosophes avaient une compréhension profonde de la nature des choses, de leurs causes et de leurs principes sous-jacents - des attributs qui guidaient leurs recherches. En revanche, Alexandre et ses semblables étaient accablés par de nombreuses responsabilités et asservis à une multitude de préoccupations.

4. Inarrêtable : Les habitudes des hommes persistent malgré des conséquences explosives

Gardez à l'esprit que les hommes continueront à faire les mêmes choses, même si vous explosez.

5. Embrasser les lois de l'univers : Leçons de vertu et d'humilité d'Hadrien et d'Auguste

L'essentiel est de ne pas se laisser perturber par quoi que ce soit, car tout est conforme aux lois de l'univers : Ne vous laissez pas perturber par quoi que ce soit, car tout est conforme aux lois de l'univers. Bientôt, vous deviendrez insignifiants et imperceptibles, tout comme Hadrien et Auguste. Deuxièmement, concentrez votre attention sur votre travail et gardez à l'esprit qu'il est de votre responsabilité d'être une personne vertueuse et de répondre aux exigences de la nature humaine. Vous devez vous acquitter de vos tâches sans dévier et exprimer vos pensées avec équité, intégrité et humilité, en évitant toute forme d'hypocrisie.

6. Embrasser le transfert universel : Explorer la beauté de la nouveauté

Le but de l'universel est de transférer et de transformer les choses d'un endroit à un autre. Il les déplace d'ici à là, en les modifiant et en les éliminant si nécessaire. Bien que tout dans la vie soit sujet au changement, il n'y a pas lieu de craindre la nouveauté. Si toutes les choses sont reconnaissables pour nous, leur disposition et leur organisation peuvent être différentes.

7. Découvrir le bon chemin : Vérité, bien social et nature universelle

Tout être est satisfait de lui-même lorsqu'il est sur le bon chemin, et un être rationnel est sur le bon chemin lorsqu'il n'accepte volontiers que la vérité, qu'il oriente ses actions vers le seul bien social, qu'il limite ses désirs et ses aversions à ce qui est sous son contrôle, et qu'il accepte tout ce qui lui est assigné par la nature universelle. Chaque nature individuelle fait partie de la nature universelle, tout comme la nature d'une feuille fait partie de la nature de la plante. Cependant, la nature de la plante manque de perception et de raison, et elle est sujette à des obstacles. En revanche, la nature humaine fait partie d'une nature intangible qui n'a pas d'entraves, comprend et incarne la justice, et chaque distribution est basée sur le mérite, le temps, la matière, la cause, l'activité et l'événement. Mais il est essentiel d'évaluer la totalité d'un objet et de le comparer à celui d'un autre objet individuel, plutôt que de comparer deux objets singuliers l'un avec l'autre.

8. Libérez votre force intérieure : Vaincre l'arrogance et poursuivre un but plus élevé

Vous n'avez peut-être pas le temps ou la capacité de lire, mais vous avez la capacité de vaincre l'arrogance. Vous pouvez vous élever au-dessus de la recherche du plaisir et de l'évitement de la douleur. Vous avez le pouvoir de vous élever au-dessus du désir de célébrité et de ne pas être importuné par des individus ignorants ou ingrats, voire de faire preuve de compassion à leur égard.

9. Jugements silencieux : Les dangers de la critique de la vie judiciaire et personnelle

Ne laissez plus personne vous entendre critiquer la vie des tribunaux ou votre propre vie.

10. L'illusion du plaisir : pourquoi le repentir conduit à une véritable hiérarchisation des priorités

Le repentir est une forme d'introspection pour avoir négligé quelque chose de bénéfique. Cependant, ce qui est vraiment bon doit être utile, et une personne vraiment bonne doit en faire sa priorité. En outre, aucune personne véritablement bonne ne regretterait de passer à côté d'un plaisir sensuel éphémère. Le plaisir ne peut donc être considéré ni comme utile ni comme bon.

11. L'énigme dévoilée : Explorer l'essence, la composition et l'existence de l'objet inconnu

Quelle est exactement cette chose dans son essence, sa composition ? Quelle substance et quelle matière contient-elle ? Quelle forme prend-elle ? Quel rôle joue-t-elle dans le monde ? Et combien de temps va-t-elle continuer à exister ?

12. Le pouvoir d'embrasser vos instincts naturels d'interaction sociale plutôt que de dormir

Lorsque vous vous réveillez avec un sentiment de réticence, rappelez-vous qu'il est naturel pour vous, en tant qu'être humain, de vous engager dans des interactions sociales, alors que dormir est une activité courante pour les animaux irrationnels. Cependant, ce qui vient naturellement à chacun est propre à lui, plus conforme à sa nature et plus agréable.

13. Science de l'âme : Incorporer la physique, l'éthique et la dialectique dans votre vie quotidienne

Appliquez continuellement, et dans la mesure du possible, les principes de la physique, de l'éthique et de la dialectique à toutes les impressions que votre âme reçoit.

14. Le facteur croyance : Comment la compréhension des opinions d'une personne permet de prédire ses actions et ses compulsions

Lorsque vous rencontrez une personne, demandez-vous : Quelles sont ses croyances sur ce qui est bien ou mal ? Si son point de vue sur le plaisir, la douleur et leurs sources, ainsi que sur la célébrité, la honte, la mort ou la vie, s'aligne sur des opinions spécifiques, il ne sera pas surprenant ou remarquable qu'elle accomplisse certaines actions. Gardez à l'esprit que des compulsions peuvent guider leur comportement.

15. S'attendre à ce que l'on attende : Un rappel pour les médecins et les timoniers

N'oubliez pas qu'il est stupide de s'étonner que le figuier porte des figues, et de même, que le monde donne ses produits habituels. Le médecin et le timonier ne doivent pas être pris au dépourvu face à la fièvre d'un homme ou à des vents défavorables.

16. Le pouvoir de l'humilité : Pourquoi l'acceptation de la correction est la clé de la liberté

Rappelez-vous que le fait de changer d'avis et d'accepter une correction fait tout autant partie de la liberté que le fait de persister dans l'erreur. En effet, vous continuez à exercer votre propre pouvoir, à prendre des décisions fondées sur votre propre discernement et votre propre compréhension. N'ayez donc pas peur d'admettre que vous avez tort et d'apprendre des autres. Cela fait partie du voyage vers la véritable indépendance.

17. Choisir la responsabilité plutôt que le blâme : Prendre des décisions réfléchies

Si vous avez le contrôle sur quelque chose, pourquoi choisissez-vous de le faire ? Mais si quelqu'un d'autre a le contrôle, qui blâmez-vous - le hasard ou les dieux ? Les deux options sont insensées. Vous ne devez blâmer personne. Si vous le pouvez, attaquez-vous à la cause première. Si vous ne le pouvez pas, essayez de remédier à la situation elle-même. Mais si vous ne pouvez même pas le faire, à quoi bon se plaindre ? Après tout, tout devrait avoir une raison d'être.

18. Le cycle éternel : Comment la mort mène à la transformation et à l'intégration dans l'univers

Ce qui est mort ne quitte pas complètement l'univers. Au contraire, il se transforme et se dissout dans les éléments qui font naturellement partie de l'univers et de vous-même. Ces éléments changent également avec le temps, mais en silence et sans se plaindre.

19. Découvrir le but de l'existence : La recherche du plaisir suffit-elle ?

Toutes les choses ont une raison d'être - un cheval, une vigne. Alors, pourquoi trouvez-vous cela surprenant ? Même le soleil a une raison d'être, tout comme les autres dieux. Et quelle est votre propre raison d'être ? S'agit-il simplement de rechercher le plaisir ? Considérez si cela correspond à la logique de base.

20. Des balles qui rebondissent aux bulles qui éclatent : Comprendre le jeu du début et de la fin de la nature

La nature considère à la fois le début et la fin, tout comme quelqu'un qui lance une balle. Par conséquent, il n'y a aucun avantage à lancer la balle en l'air, ni aucun mal à la faire redescendre, ni même à la faire tomber. De même, quel est l'intérêt d'une bulle tant qu'elle reste intacte, et quel mal y a-t-il à ce qu'elle éclate ? Le même concept s'applique à la lumière.

21. La fragilité du corps humain et l'insignifiance de nos expériences sur terre

Réécrit :

Examinez le corps de l'intérieur pour comprendre sa nature, comment il change en vieillissant ou lorsqu'il est atteint d'une maladie. La personne qui loue et celle qui est louée, celle qui se souvient et celle qui est rappelée, ont toutes deux une vie courte. Tout cela se passe dans un petit coin du monde et même là, il y a des désaccords et des conflits au sein des individus eux-mêmes. Compte tenu de l'immensité de la terre, tout ce que les humains vivent n'est qu'un grain de sable.

22. La vertu de demain : l'importance des actions différées pour l'amélioration de soi

Concentrez-vous sur la tâche à accomplir, qu'il s'agisse d'une opinion, d'une action ou d'une parole. Vous méritez toutes les conséquences qui découlent de vos actions retardées parce que vous donnez la priorité à l'amélioration du lendemain plutôt qu'à la vertu d'aujourd'hui.

23. Inspiration divine : S'efforcer d'améliorer le sort de l'humanité

Est-ce que je m'engage dans une action ? Je m'assure qu'elle est orientée vers le bénéfice de l'humanité. S'il m'arrive un incident, je le reconnais et le dédie aux dieux et à la force primordiale qui régit tous les événements. C'est de cette source que découlent tous les événements.

24. Plonger dans la saleté de la vie : Comprendre la nature répugnante de l'existence

Tout ce qui est aussi répugnant qu'un bain pour vous - l'huile, la sueur, la saleté, l'eau sale - c'est ce qu'est la vie et tout le reste.

25. La nature éphémère de la vie : Témoins du passage et de la disparition - Histoires de légendes et d'hommes oubliés

Lucilla a assisté au décès de Verus et est partie peu après. Secunda a assisté à la mort de Maximus et a connu le même sort. Epitynchanus a assisté au décès de Diotimus et a succombé à son tour. Antonin a assisté au départ de Faustine, avant de connaître la mort. Ainsi vont les choses. Celer a assisté au décès d'Hadrien, avant de mourir à son tour.

Quant à ces individus astucieux, qu'ils soient clairvoyants ou simplement trop confiants, où sont-ils aujourd'hui ? Des hommes comme Charax, l'esprit vif, Démétrius, le platonicien, Eudaemon et d'autres encore ? Tous ont disparu depuis longtemps. Certains ont été rapidement oubliés, d'autres sont entrés dans la légende. D'autres encore ont même disparu du royaume des mythes. Gardez donc à l'esprit que notre petit composé, nous-mêmes, va soit se désintégrer, soit voir son souffle fugace s'éteindre, soit être transporté ailleurs.

26. L'accomplissement du devoir : le chemin de l'homme vers la satisfaction par la bonté, la rationalité et la perspicacité

Un homme se sent satisfait lorsqu'il remplit les devoirs que l'on attend de lui. L'un de ces devoirs consiste à faire preuve de bonté à l'égard des autres, à ignorer les impulsions provoquées par les sens physiques, à porter des jugements rationnels sur des circonstances convaincantes et à comprendre le fonctionnement du monde et les événements qui s'y déroulent.

27. Le tiercé des relations : Votre corps, le divin et votre cercle intérieur

Vous avez trois relations : l'une avec votre corps physique qui vous entoure, l'autre avec la source divine d'où tout vient à chacun, et la troisième avec ceux qui vivent avec vous.

28. L'autonomisation de l'âme : comment la douleur peut se transformer en force intérieure

La douleur peut être nocive soit pour le corps, auquel cas le corps peut parler de ses effets, soit pour l'âme. Cependant, l'âme peut contrôler son propre calme et sa propre paix, et ne devrait pas considérer la douleur comme une expérience entièrement négative. Après tout, toutes les pensées et les émotions viennent de l'intérieur, et rien n'est vraiment nuisible au point d'avoir raison de notre force intérieure.

29. Déverrouiller le pouvoir intérieur : Comment libérer votre âme de la négativité et embrasser la clarté

Éliminez les imaginations folles en vous rappelant fréquemment : J'ai le pouvoir d'empêcher toute négativité, tout désir ou toute perturbation de pénétrer dans mon âme. Au lieu de cela, j'analyse la véritable nature de toutes les choses et je les utilise en conséquence. Rappelez-vous toujours que ce pouvoir vient de l'intérieur, qu'il m'a été conféré par la nature elle-même.

30. L'art de s'exprimer correctement : Stratégies pour une communication claire

S'exprimer de manière appropriée, que ce soit au Sénat ou avec n'importe quel individu, en évitant l'affectation et en utilisant un langage simple.

31. Le dernier de sa race : réflexion sur l'extinction de la lignée d'Auguste

Toute la cour d'Auguste, y compris sa femme, sa fille, ses descendants, ses ancêtres, sa sœur, Agrippa, ses parents, ses intimes, ses amis, Areius, Maecenas, les médecins et les prêtres sacrificateurs, ont péri. Il ne s'agit pas seulement de la mort d'individus, mais de l'extinction d'une lignée entière, comme dans le cas de Pompéi et de la sombre épitaphe inscrite sur leurs tombes : "Le dernier de sa race". Réfléchissez aux efforts extraordinaires déployés par les générations précédentes pour s'assurer un successeur digne de ce nom et prenez conscience qu'un jour, quelqu'un deviendra inévitablement le dernier. Considérez une fois de plus la gravité de la disparition d'une race entière.

32. Gagner le jeu de la vie : S'acquitter de son devoir en faisant preuve d'efforts et de souplesse

Votre devoir est de bien vivre votre vie en accomplissant chaque acte au mieux de vos capacités. Si vous avez fait de votre mieux, soyez satisfait et personne ne pourra vous empêcher d'accomplir votre devoir. Même si des facteurs externes peuvent intervenir, ils ne peuvent pas vous empêcher d'agir de manière juste, sobre et réfléchie. Si quelque chose se met en travers de votre chemin, acceptez l'obstacle et soyez prêt à réorienter vos efforts vers quelque chose d'autre qui soit légal et productif. Cela vous donnera une nouvelle occasion d'agir d'une manière conforme à vos valeurs et à votre morale.

33. Richesses humbles : L'art d'acquérir des richesses et de lâcher prise

Acquérir la richesse ou la prospérité avec humilité et être prêt à y renoncer si nécessaire.

34. Le pouvoir de la reconnexion : Redevenir un élément précieux de la collectivité

Si vous avez déjà vu une main, un pied ou une tête coupés, séparés du corps, vous comprendrez l'analogie avec une personne mécontente qui choisit de s'éloigner de la société. Ce faisant, elle se coupe en quelque sorte de l'ordre naturel de l'unité. Même si vous vous êtes déconnecté, il est important de vous rappeler que vous avez été créé par la nature comme une partie de quelque chose de plus grand et que vous avez le pouvoir de vous reconnecter à cette unité.

Dieu a accordé à l'humanité la capacité de se réunir avec le tout universel - un don qui n'est accordé à aucune autre partie déconnectée. Il est vraiment remarquable de considérer la bonté et la générosité de ce don. En embrassant ce pouvoir, vous pouvez redevenir une partie précieuse et nécessaire de la collectivité, en reprenant votre place et votre but légitimes.

35. Donner du pouvoir à l'être rationnel : Transformer les obstacles en outils

Chaque être rationnel a reçu tous les pouvoirs de la nature universelle, y compris celui-ci. La nature universelle peut transformer et ancrer à l'endroit prédéterminé tout ce qui l'entrave, en l'assimilant à elle-même. De même, l'animal rationnel a la capacité de transformer tout obstacle en son propre outil et de l'utiliser comme prévu.

36. Maîtriser la pleine conscience : Surmonter le stress et vivre le moment présent

Ne stressez pas toute votre vie. Ne vous laissez pas submerger par tous les problèmes potentiels qui pourraient survenir. Au contraire, lorsque vous êtes confronté à un problème, demandez-vous : "Qu'est-ce qui est vraiment insupportable dans cette situation ? Vous aurez du mal à répondre. Rappelez-vous également que ce n'est pas l'avenir ou le passé qui vous fait souffrir, mais le moment présent. Toutefois, ce moment peut être réduit si vous vous concentrez sur lui et si vous grondez votre esprit lorsqu'il a du mal à faire face à la situation.

37. La futilité de la mise au tombeau : Pourquoi l'obsession des défunts est un remède répugnant

Panthea ou Fergamus sont-ils actuellement assis près de la tombe de Verus ? Il serait absurde de se demander si Chaurias ou Diotimus se trouvent sur la tombe d'Hadrien. Même s'ils étaient assis là, le défunt serait-il conscient de leur présence ? Et même s'ils en étaient conscients, cela les réjouirait-il ? Et s'ils étaient ravis, cela les rendrait-il immortels ? En fin de compte, il était inévitable que ces personnes vieillissent et finissent par mourir. Alors, que se passerait-il après leur mort ? Cette discussion n'est rien d'autre qu'un mélange répugnant de sang et de pourriture.

38. Aiguiser sa vision : Les sages conseils du philosophe pour bien juger

Le philosophe nous conseille de regarder et de juger avec sagesse si nous possédons une vision claire.

39. Vertus et Vices : Une exploration de la tempérance dans la constitution de l'animal rationnel

En examinant la constitution de l'animal rationnel, je ne trouve aucune vertu qui soit contraire à la justice. Cependant, je reconnais une vertu qui s'oppose à l'amour du plaisir, c'est la tempérance.

40. Déverrouiller la sécurité totale : La raison comme bouclier contre la douleur

Si vous supprimez votre opinion sur ce qui semble vous causer de la douleur, vous serez alors en totale sécurité. Alors, quelle partie de vous est ce moi ? C'est votre raison. Cependant, vous pourriez dire que vous n'êtes pas votre raison. Ce n'est pas grave. Dans ce cas, ne vous préoccupez pas de votre raison. Si une autre partie de vous souffre, laissez-la avoir sa propre opinion sur elle-même.

41. Débloquer le pouvoir de l'esprit : Surmonter les obstacles et nourrir les sens

Les interférences avec les sens sont néfastes pour les animaux, et les obstacles à leurs désirs le sont tout autant. Les plantes aussi peuvent être entravées par des facteurs externes qui limitent leur croissance. Par extension, tout ce qui entrave les capacités intellectuelles d'une personne est nuisible à l'esprit humain. Considérez ces principes dans votre propre vie. Les sensations de douleur ou de plaisir vous affectent-elles ? Soyez à l'écoute de vos sens. Avez-vous rencontré des obstacles dans la poursuite de vos objectifs ? Si vous étiez réellement déterminé à atteindre votre but, ces obstacles seraient en effet nuisibles à votre esprit rationnel. Cependant, si vous reconnaissez que les obstacles font partie intégrante de la vie, vous n'avez pas vraiment été blessé ou gêné. Malgré cela, l'intellect (contrairement au corps) est imperméable aux forces extérieures et reste inchangé ; par exemple, lorsqu'il a atteint un certain niveau de compréhension, il le conserve.

42. L'art de l'autocompassion : Rompre le cycle de la douleur

Je ne devrais pas me faire de la peine, car je n'ai jamais eu l'intention de faire de la peine à quelqu'un d'autre.

43. Débloquer la joie : Accueillir la diversité et maintenir un état d'esprit sain

Chacun a sa propre source de joie, et pour moi, il s'agit de maintenir un état d'esprit sain tout en accueillant toutes les personnes et toutes les expériences sans discrimination. J'aborde tout avec une perspective d'ouverture et d'acceptation, et j'utilise chaque expérience au maximum de son potentiel.

44. Vivre dans l'instant présent : Pourquoi donner la priorité au présent est la clé d'une vie épanouie

Veillez à donner la priorité au moment présent pour vous-même. Ceux qui s'efforcent d'être reconnus après la mort ne se rendent pas compte que les gens du futur seront comme ceux qu'ils n'aiment pas aujourd'hui, car ils sont tous mortels. Cela ne devrait pas vous préoccuper le moins du monde si ces personnes futures expriment certaines pensées ou ont des opinions sur vous.

45. Trouver la sérénité dans le changement : Démystifier le mythe du bonheur géolocalisé

Emmenez-moi où vous voulez, car mon essence divine y restera sereine et satisfaite, tant qu'elle pourra se comporter conformément à sa vraie nature. Le simple changement de lieu justifie-t-il que mon âme soit malheureuse et dégradée, soumise à des sentiments de dépression, d'anxiété et de peur ? Et quelle explication plausible peut justifier un tel état ?

46. Le pouvoir de l'endurance : L'impact de la nature humaine sur les difficultés de la vie

Chaque incident qui arrive à une personne est le résultat de la nature humaine. Un bœuf ne peut connaître que ce qui est inhérent à sa nature, de même qu'une vigne ou une pierre. Par conséquent, si chaque chose rencontre ce qui est typique et attendu, pourquoi se lamenter ? La nature n'apporte rien que l'on ne puisse supporter.

47. Éliminer le jugement : Libérer le pouvoir de surmonter l'inconfort et la douleur

Si vous vous sentez mal à l'aise à cause de quelque chose d'extérieur, ce n'est pas l'objet lui-même, mais votre propre jugement qui est à l'origine de la perturbation. Vous avez le pouvoir d'éliminer ce jugement dès maintenant. De même, si quelque chose dans votre disposition vous fait souffrir, qu'est-ce qui vous empêche de corriger votre opinion à ce sujet ? Et si vous vous sentez blessé de ne pas faire ce que vous croyez juste, pourquoi ne pas agir au lieu de vous plaindre ? Y a-t-il un obstacle insurmontable sur votre chemin ? Si c'est le cas, ne vous attristez pas, car la raison de sa non-réalisation n'est pas de votre ressort. Mais si vous estimez que la vie ne vaut pas la peine d'être vécue sans atteindre ce but, partez heureux de la vie comme quelqu'un qui a accompli tout ce qu'il désirait, même s'il était entravé par des obstacles.

48. La force intérieure invincible : Découvrir le pouvoir de la maîtrise de soi pour une vie sûre et heureuse

Rappelez-vous que la force dominante qui est en nous est invincible. Lorsque nous avons la maîtrise de soi, nous sommes satisfaits de nous-mêmes. Nous n'agissons qu'en fonction de nos choix, même si nous résistons par entêtement. Mais lorsque nous prenons des décisions fondées sur la raison et l'intention, ce pouvoir devient encore plus fort. C'est pourquoi un esprit dépourvu d'émotions est comme une forteresse qui offre à l'homme le refuge le plus sûr. Ceux qui n'en ont pas encore pris conscience sont ignorants, tandis que ceux qui le savent mais ne cherchent pas à se réfugier dans cette forteresse intérieure sont malheureux.

49. Maîtriser l'art de la première impression : Comment s'y tenir peut vous aider à éviter des complications inutiles

Ne parlez que de ce que les premières impressions révèlent. Si vous entendez que quelqu'un dit du mal de vous, reconnaissez que cela a été dit, mais n'en déduisez pas que vous avez été lésé. Si je vois que mon enfant ne va pas bien, j'en prends acte, mais je ne pense pas automatiquement qu'il est en danger. Restez donc toujours sur vos premières impressions et n'ajoutez rien de votre propre imagination, vous éviterez ainsi des complications inutiles. Adoptez plutôt l'état d'esprit d'une personne qui connaît tout ce qui se passe dans le monde.

50. L'art magnifique de la nature : Comment elle transforme l'ancien en quelque chose de nouveau sans gaspillage

Si un concombre est amer, il faut le jeter. S'il y a des ronces sur la route, évitez-les. Ne vous demandez pas pourquoi de telles choses existent dans le monde, vous ne feriez que susciter la moquerie de ceux qui comprennent la nature, tout comme un menuisier ou un cordonnier se moquerait de vous si vous critiquiez les copeaux et les déchets de coupe dans leur atelier. Mais ces artisans disposent d'un espace de stockage pour ces déchets, alors que les magnifiques œuvres de la nature n'ont pas d'espace extérieur. Pourtant, son art est si extraordinaire que, malgré les contraintes, tout ce qui en elle semble s'étioler, vieillir et devenir obsolète, elle le transforme en quelque chose de nouveau, sans avoir besoin de puiser dans le monde extérieur ou de disposer d'un endroit où jeter ce qui s'est dégradé. Elle se contente de son propre espace, de sa substance et de son savoir-faire.

51. Maîtriser la paix intérieure : Le pouvoir de la simplicité et de la modestie

Ne soyez pas oisifs dans vos actions, désordonnés dans vos conversations, dispersés dans vos pensées, ou remplis de conflits intérieurs ou d'explosions extérieures. Ne soyez pas non plus préoccupés par la vie au point de ne pas avoir de temps pour les loisirs.

Si d'autres vous font du mal, vous insultent ou vous maudissent, cela ne doit pas affecter votre état d'esprit pur, sage, sobre et juste. Tout comme une source claire et pure qui continue de couler même si quelqu'un la maudit ou la pollue avec de la terre, vous pouvez vous aussi maintenir un état perpétuel de liberté et de satisfaction en pratiquant chaque jour la simplicité et la modestie.

52. La quête périlleuse d'une raison d'être : l'identité et la validation dans un monde confus

Ceux qui ne connaissent pas le monde sont perdus, car ils ne savent pas quelle est leur place dans ce monde. De même, ceux qui ne comprennent pas le but du monde ne connaissent pas leur propre identité ni la véritable nature du monde. Une personne qui ne saisit pas ces concepts fondamentaux ne peut pas définir son propre but dans la vie. Que pensez-vous d'une personne qui cherche à être validée par des gens qui ne se comprennent pas eux-mêmes ou qui ne comprennent pas le monde qui les entoure ?

53. Le paradoxe de la recherche de l'approbation des personnes autocritiques

Souhaitez-vous être loué par quelqu'un qui se blâme toutes les heures ? Vous efforceriez-vous de plaire à quelqu'un qui ne peut même pas se plaire à lui-même ? Peut-on vraiment être satisfait de soi si l'on regrette presque tout ce que l'on fait ?

54. Débloquer le pouvoir de l'intellect universel : Synchronisation du souffle au-delà de l'air

Ne limitez pas votre respiration à la seule synchronisation avec l'air ambiant. Permettez plutôt à votre intellect de s'aligner sur l'intelligence qui englobe tout. Le pouvoir de l'intellect est uniformément réparti et présent en toutes choses, accessible à quiconque le recherche, comme l'air que nous respirons est accessible à quiconque peut l'inhaler.

55. La méchante vérité : comment le fait d'être mauvais ne fait de mal à personne d'autre qu'à soi-même

En général, la méchanceté n'a pas d'effet néfaste sur l'univers. Plus précisément, la méchanceté d'une personne ne nuit pas à une autre. Le mal n'affecte que la personne qui possède la méchanceté, et elle peut s'en libérer à tout moment.

56. Le pouvoir de l'autonomie : comment la valorisation de votre libre arbitre vous protège des méfaits de votre voisin

Je crois que le libre arbitre de mon voisin n'est pas plus important pour moi que ses attributs physiques tels que son souffle ou sa chair, car je valorise avant tout mon propre libre arbitre. Bien que nous ayons été créés pour coexister, nous possédons tous une autorité et un but uniques. En fait, si nous n'avions pas notre propre autonomie, les méfaits de mon voisin pourraient me nuire, et ce n'est pas ce que Dieu veut. Il veut que notre bonheur ne dépende pas des actions des autres.

57. Au-delà de la diffusion : Comment approfondir votre compréhension des rayons du soleil

Le soleil semble déverser sa lumière dans toutes les directions, mais elle n'est pas simplement dispersée. Cette diffusion de la lumière est une extension, et ses rayons sont appelés "extensions" parce qu'ils s'étendent. On peut comprendre ce qu'est un rayon en observant la lumière du soleil passer par une petite ouverture dans une pièce sombre. La lumière voyage en ligne droite et est bloquée par des objets solides, mais elle reste fixe et ne s'égare pas. De la même manière, l'esprit devrait étendre sa compréhension sans se montrer énergique ou impétueux face aux obstacles, mais avec une illumination constante. Sinon, ces obstacles empêcheront l'illumination.

58. Au-delà de la peur : comment accueillir la mort peut conduire à une nouvelle sensation d'être

Ceux qui ont peur de la mort craignent soit de perdre leurs sensations, soit d'en éprouver d'autres. Cependant, si vous n'avez aucune sensation, vous ne ressentirez aucun mal. Et si vous éprouvez une autre sensation, vous deviendrez un nouveau type d'être et continuerez à vivre.

59. Élever l'humanité : Le pouvoir de l'éducation, de l'orientation et de la compassion

Les êtres humains existent pour se soutenir et s'élever les uns les autres. Par conséquent, nous devons soit les éduquer et les guider, soit faire preuve de patience et de compassion à leur égard.

60. L'esprit imparable : Naviguer vers des objectifs en toute confiance

Une flèche et l'esprit se déplacent de manière différente. Cependant, l'esprit avance vers son objet avec une direction inébranlable, qu'il fasse preuve de prudence ou qu'il explore par le biais de la recherche.

61. Invasion de l'esprit : La clé pour débloquer votre faculté de raisonnement

Envahissez la faculté de raisonnement de chaque homme et permettez à tous les autres hommes d'envahir la vôtre.

LIVRE 9

— Donner du pouvoir avec bienveillance

Prenez un moment pour vous rappeler que la vie est un cycle de joies et de peines. Respectez les lois de la nature, recherchez le plaisir plutôt que la douleur, fuyez le danger pour éviter le péché et acceptez la mort et l'inconnu. Comprenez les conséquences des actes injustes, trouvez le contentement dans la volonté de Dieu et faites le vide dans votre esprit pour vous aligner sur la nature. Renforcez votre pouvoir par la bienveillance, recherchez le bonheur par la gentillesse et déchargez votre âme pour trouver la paix. Les actions sont plus éloquentes que les sentiments, et une pierre neutre n'apporte ni bien ni mal. L'examen de vos propres sentiments peut vous aider à résoudre les conflits liés à la perception de soi, et le changement est inévitable. Unissez-vous pour le bien commun et trouvez du réconfort auprès des dieux. Acceptez l'inévitabilité des choix, l'examen de soi, le caractère éphémère de la vie, le fardeau de l'innocence et le cycle infini de l'univers. Préférez la modestie à la vanité, évitez les désagréments et libérez-vous de l'opinion. Face à la complexité de la vie, concentrez-vous sur l'intention, apprenez la douceur dans un monde d'impudence et libérez votre esprit par la prière.

1. L'impiété d'agir injustement : comment le fait d'aller à l'encontre de la nature universelle conduit au désordre

Ceux qui agissent injustement le font impunément. La nature universelle a créé les animaux rationnels pour qu'ils s'entraident selon leur mérite, mais pas pour qu'ils se fassent du mal. Par conséquent, celui qui désobéit à cette loi est impie envers la divinité la plus élevée. De même, celui qui ment est impie envers la même divinité, car la nature universelle existe pour créer des choses vraies. Celui qui ment intentionnellement agit injustement en trompant, tandis que celui qui ment involontairement va à l'encontre de la nature universelle et perturbe l'ordre naturel du monde. Cela se produit parce qu'ils ne peuvent pas distinguer le mensonge de la vérité en raison d'une incapacité à utiliser les pouvoirs qu'ils ont reçus de la nature.

En outre, quiconque croit que le plaisir est bon et que la douleur est mauvaise agit de manière impie. En effet, cette personne reproche à tort à la nature universelle d'attribuer des choses contraires au mérite. Souvent, le mauvais jouit du plaisir et des choses qui procurent du plaisir, tandis que le bon souffre de la douleur et des choses indésirables. De même, lorsque quelqu'un a peur de la douleur ou essaie d'éviter les choses qui se produiront dans le monde, il agit également de manière impie.

Ceux qui suivent la nature doivent être du même avis, car il s'agit de choses dont la nature universelle est également affectée. C'est-à-dire que pour la douleur, le plaisir, la mort, la vie, l'honneur ou le déshonneur, que la nature universelle traite également, celui qui n'est pas également affecté agit impunément. Je dis que la nature universelle les traite également, au lieu de dire qu'elles arrivent également à ceux qui sont nés dans une série continue et à ceux qui sont venus après, en vertu d'un certain mouvement originel de la Providence, selon lequel elle est passée d'un certain commencement à cet ordre de choses. Elle a conçu certains principes des choses qui devaient être, et déterminé des puissances qui ont produit des êtres, des changements, et d'autres successions semblables.

2. Trouver le bonheur ultime : Échapper à la tromperie et à la corruption dans la vie et la mort

Le bonheur ultime d'un homme serait de quitter cette vie sans être entaché par la tromperie, la prétention, l'extravagance et l'orgueil. Cependant, si l'on en a eu assez, quitter ce monde serait la meilleure chose à faire, comme on dit.

Avez-vous décidé de persister dans le vice ? L'expérience ne vous a pas encore convaincu de fuir cette maladie ? Car la corruption de l'esprit est un fléau, bien pire que toutes les maladies aériennes qui circulent autour de nous. Car cette contamination n'affecte les animaux qu'en tant qu'animaux, alors que la première infecte l'humanité en son cœur.

3. Accepter l'inévitable : Pourquoi l'acceptation de la mort est essentielle pour une vie épanouie

Ne méprisez pas la mort, mais acceptez-la plutôt comme l'une des opérations nécessaires de la nature. Tout comme il est naturel d'être jeune, de vieillir, de mûrir, de développer des caractéristiques physiques telles que les dents et la pilosité faciale, et de procréer, la dissolution est également une partie naturelle de la vie. Il est donc important pour une personne réfléchie de ne pas ignorer ni précipiter la mort, mais plutôt de la considérer comme un processus naturel. Tout comme vous attendez patiemment la naissance d'un enfant, soyez prêt à ce que votre âme quitte ce corps.

Si vous avez besoin d'un réconfort supplémentaire pour faire la paix avec la mort, pensez aux choses et aux personnes que vous laisserez derrière vous. Au lieu de nourrir du ressentiment à l'égard des autres, il est de votre responsabilité de vous occuper d'eux avec douceur, tout en vous rappelant que vous ne vous éloignerez pas de ceux qui partagent vos valeurs. C'est la seule chose qui puisse nous inciter à nous accrocher à la vie : la possibilité de vivre avec des personnes partageant les mêmes principes. Cependant, la réalité est que la discorde entre ceux qui vivent ensemble peut être une grande source de détresse. Dans ce cas, il est acceptable de s'écrier : "Viens vite, ô mort, de peur que je ne m'oublie".

4. L'automutilation des actes répréhensibles et des injustices : L'effet négatif du karma

Toute personne qui agit mal se fait du tort à elle-même. De même, toute personne qui agit injustement se fait du tort à elle-même car elle se crée un karma négatif.

5. L'injustice de l'inaction : Comment l'abstention peut être aussi néfaste que l'action

Souvent, ceux qui s'abstiennent de faire quelque chose peuvent être coupables d'agir injustement, et pas seulement ceux qui commettent activement un acte injuste.

6. Suffisamment de contenu : Comment vos croyances et vos actions profitent à la société

Vos croyances actuelles sont basées sur votre compréhension, vos actions actuelles visent à bénéficier à la société, et vous possédez une disposition actuelle qui vous permet d'être satisfait de tout ce qui se passe – c'est suffisant.

7. La maîtrise de soi : L'art de dompter son esprit et ses désirs

Réprimez votre imagination, contrôlez vos désirs et éteignez votre appétit excessif. Gardez votre faculté rationnelle sous contrôle et gardez la maîtrise de votre esprit et de vos décisions.

8. Une âme, deux êtres : La différence entre les animaux rationnels et non rationnels

Les animaux non rationnels possèdent une seule vie, tandis que les animaux rationnels possèdent une seule âme intelligente. Cela est comparable au fait que toutes les créatures terrestres partagent une seule terre, qu'une seule lumière nous éclaire tous et que nous respirons tous le même air, que nous voyions ou que nous soyons vivants ou non.

9. L'attrait de la connexion : Le lien naturel entre les êtres et les objets

Tous les objets qui ont une caractéristique commune sont naturellement attirés les uns vers les autres. Les objets terrestres sont attirés par le sol, les liquides s'écoulent ensemble et les substances aériennes se comportent de la même manière, nécessitant une force pour les séparer. L'élément feu, quant à lui, se déplace vers le haut en raison de sa nature intrinsèque, mais il est très réactif avec toutes les autres formes de feu, ce qui lui permet d'enflammer facilement des matières sèches avec moins de résistance. De même, les créatures qui partagent une nature rationnelle commune sont attirées les unes par les autres. Cette attirance est d'autant plus intense que le degré de supériorité augmente. C'est ce que l'on observe chez les abeilles, le bétail et les oiseaux, où il existe même une forme d'amour qui leur permet de se réunir et de former des groupes. Chez les animaux rationnels tels que les humains, nous assistons à la formation de communautés sociales, d'amitiés et de familles. La politique et la guerre entrent également en jeu, avec des traités et des armistices entre États-nations. Parmi les êtres les plus élevés, même s'ils sont séparés les uns des autres, il existe une unité partagée, comme on le voit le plus clairement dans les étoiles. En s'élevant à des niveaux d'être plus élevés, cette sympathie humaine - même entre des entités autrement séparées - peut être induite. Cependant, malgré ce penchant naturel, les humains sont les seuls êtres intelligents qui tentent activement d'éviter ce lien. Néanmoins, notre constitution essentielle nous attire activement vers les autres, créant ainsi un lien inévitable qui est plus fort que notre volonté. Il suffit de regarder de près pour s'en convaincre. Les chances de trouver un objet dépourvu de certains attributs terrestres sont plus grandes que celles de trouver une personne entièrement seule.

10. Le trio fécond : l'homme, Dieu et l'univers au service de la raison

L'homme, Dieu et l'univers portent des fruits, chacun les produisant au moment opportun. Même si la société a spécifiquement associé ces termes à la vigne et à d'autres plantes similaires, cela n'a pas d'importance. La raison produit des fruits pour tout le monde et pour elle-même. En outre, elle crée des choses comparables à la raison elle-même.

11. Briser les barrières : Responsabiliser les autres et pardonner avec compassion

Si vous en avez la possibilité, il est conseillé d'éduquer ceux qui se sont égarés. Si vous ne le pouvez pas, rappelez-vous toujours que le pardon est une option. Les dieux aussi sont indulgents à l'égard de ces personnes. Ils peuvent même les aider à atteindre la santé, la richesse et le respect, tant ils sont compatissants. Vous avez la possibilité de faire de même. Alors, qui ou quoi se trouve sur votre chemin ?

12. Maîtriser l'autolimitation : La clé de la réussite en société

Ne travaillez pas comme quelqu'un de malheureux, ni comme quelqu'un qui cherche la pitié ou l'admiration. Au contraire, concentrez votre volonté sur un seul objectif : agir et vous contenir conformément aux normes sociales.

13. Émerger plus fort : Surmonter les difficultés internes

Aujourd'hui, j'ai émergé de tous les maux. Ou, pour être plus précis, je me suis débarrassé de tous les problèmes qui n'étaient pas extérieurs mais qui étaient plutôt en moi et dans mes croyances.

14. Mémoires enfouies : La futilité de l'attachement au présent éphémère

Tout est familier et éphémère, sans valeur intrinsèque. Le présent n'est pas différent du passé, comme en témoignent ceux qui sont aujourd'hui enterrés.

15. Le pouvoir de notre faculté de jugement : Juger des objets sans opinion

Les objets existent de manière indépendante, sans connaissance ni opinion à leur sujet. Alors, qui ou quoi porte un jugement sur eux ? La réponse se trouve dans notre faculté de jugement.

16. Le pouvoir de l'action : Découvrir les vertus et les vices des animaux sociaux rationnels

Le bien et le mal d'un animal social rationnel ne se trouvent pas dans la passivité, mais plutôt dans l'activité. De même, ses vertus et ses vices découlent de ses actions, et non de leur absence.

17. Le paradoxe de l'élévation et de la descente : Explorer l'éthique de la gravité

Il n'est pas mauvais qu'une pierre lancée en l'air redescende, et il n'est pas nécessairement bon qu'elle ait été élevée en premier lieu.

18. Les juges invisibles : Explorer les principes fondamentaux des hommes et l'image qu'ils ont d'eux-mêmes

Plongez dans les principes fondamentaux des hommes et vous découvrirez les juges qu'ils craignent, ainsi que les types de juges qu'ils se perçoivent eux-mêmes.

19. La danse éternelle de la transformation et de la destruction dans l'univers

Tout change continuellement, y compris soi-même, qui est un processus constant de transformation et de destruction. Il en va de même pour l'univers tout entier.

20. L'impératif moral de non-intervention : Pourquoi nous devons laisser les autres faire face aux conséquences de leurs actes

Vous avez la responsabilité de laisser en l'état les actes répréhensibles d'une autre personne.

21. Accepter le changement : Faire face à la peur des fins de vie et des nouveaux départs grâce à l'édition

Mettre fin à une activité, arrêter le mouvement et être ouvert au changement, et dans un sens accepter sa transformation, n'est pas une chose négative. Penchons-nous à présent sur votre vie - en tant qu'enfant, en tant que jeune, au cours de votre vie d'homme et dans votre vieillesse. Dans chacune de ces phases, chaque modification était une forme de cessation. La question demeure : doit-on craindre un tel changement ? Réfléchissez à votre vie sous l'autorité de votre grand-père, puis de votre mère et enfin de votre père. En réfléchissant aux multiples différences, changements et fins que vous avez connus, demandez-vous s'il y a lieu d'en avoir peur. Dans le même ordre d'idées, il ne faut pas craindre la fin, l'arrêt et la transformation qui se produisent tout au long de la vie d'un individu.

22. Maîtriser l'autonomie dans un univers d'égaux : Une réflexion sur la justice et la responsabilité

Examinez rapidement votre propre capacité à vous gouverner, ainsi que celle de l'univers et de vos voisins. Efforcez-vous de rendre votre propre gouvernance juste et équitable, et souvenez-vous de votre place dans l'univers. Examinez les actions de vos voisins et déterminez si elles ont été commises par ignorance ou en connaissance de cause, et considérez que leur capacité à se gouverner est la même que la vôtre.

23. Contribuer au bien commun : L'importance des actions socialement bénéfiques

En tant que membre de la société, chacun de vos actes doit contribuer au bien commun. Toute action qui ne présente pas un avantage social direct ou indirect déchire le tissu de votre vie et s'apparente à une rébellion, comme le fait de se tenir à l'écart du groupe lors d'une réunion publique. Il faut donc s'efforcer de faire de chaque action un élément précieux de la vie sociale.

24. Les représentations du cimetière : Un rappel obsédant au milieu des querelles d'enfants et des corps sans vie

Les querelles de jeunes enfants et leurs jeux, ainsi que la présence d'esprits abattus portant des corps sans vie, voilà ce que nous voyons tout autour de nous. C'est précisément pour cette raison que la représentation des cimetières est si marquante.

25. La forme sans le matériau : Explorer la durabilité de la forme dans les objets

Analyser la forme d'un objet, indépendamment de sa composition matérielle, et y réfléchir. Ensuite, déterminez la durée maximale qu'un objet de cette forme est naturellement conçu pour supporter.

26. Déverrouiller le vrai contentement : Lâcher les limites de l'état d'esprit rationnel

Vous avez souffert d'innombrables difficultés en ne trouvant pas le contentement dans la capacité de votre esprit rationnel à agir dans le cadre de son objectif naturel. Cela suffit.

27. Le pouvoir de l'empathie : Comprendre ceux qui vous blâment et vous haïssent

Lorsque quelqu'un vous blâme, vous déteste ou dit du mal de vous, prenez un moment pour compatir avec lui et comprendre son point de vue. Essayez de voir quel genre de personne elle est vraiment au fond d'elle-même. Vous découvrirez probablement que vous n'avez pas besoin de vous préoccuper de ses opinions ou des problèmes qu'il peut essayer de vous causer. N'oubliez pas qu'il s'agit d'un être humain et que ses actions sont souvent motivées par ses propres faiblesses et insécurités.

Cela dit, il est important de les traiter avec gentillesse et respect, car ils sont en fin de compte nos semblables. Il convient de noter que les dieux veillent également sur eux, leur envoyant des rêves et des signes pour les guider vers leurs objectifs et leurs aspirations. Ayez donc foi en leur parcours et portez-les dans votre cœur avec compassion.

28. La danse éternelle de l'univers : Explorer les origines et les transformations de la vie

Les mouvements de l'univers sont cohérents, cycliques et éternels. L'intelligence universelle est responsable de chaque effet, ou bien elle met les choses en mouvement une fois et les événements suivants s'enchaînent. Une autre possibilité est que des éléments indivisibles soient à l'origine de toutes choses. En fin de compte, s'il y a un dieu, tout est comme il se doit. Si le hasard prévaut, il vaut mieux ne pas se laisser influencer par lui.

Nous serons tous recouverts par la terre un jour ou l'autre, et la terre elle-même se transformera avec tout ce qui découle du changement - perpétuellement et sans fin. En réalisant la rapidité du changement et les transformations sans fin qu'il apporte, on en vient à mépriser tout ce qui est sujet à la décomposition.

29. L'œuvre modeste de la nature : Une mise en garde contre les prétentions politiques

La cause universelle est comme un torrent d'hiver en furie, qui emporte tout sur son passage. Et pourtant, que ne valent pas ceux qui s'occupent de politique en se prenant pour des philosophes ! Ce ne sont que des imbéciles qui radotent.

Alors, cher homme, fais ce que la nature te demande. Si c'est en ton pouvoir, mets-toi en mouvement sans regarder autour de toi si quelqu'un te regarde. Ne t'attends pas à une société grandiose et utopique comme dans la République de Platon. Contentez-vous plutôt des petits succès et considérez-les comme de grandes réussites. Après tout, qui peut vraiment changer l'opinion d'une autre personne ? Sans un tel changement, nous en restons à l'esclavage de ceux qui font semblant d'obéir mais qui souffrent vraiment.

Qu'en est-il d'Alexandre, de Philippe et de Démétrius de Phalère ? Eux seuls peuvent juger s'ils ont vécu conformément aux exigences de la nature. S'ils ont agi comme des héros tragiques, ils n'ont pas donné un exemple digne d'être suivi. Le travail de la philosophie est simple et modeste. Ne vous laissez pas entraîner dans l'arrogance et la vanité.

30. Réflexions sur la diversité de l'humanité : Une vue d'oiseau

Prenez une vue d'ensemble du grand nombre d'hommes et de leurs diverses coutumes et expériences, qu'ils bravent les tempêtes ou qu'ils profitent des eaux paisibles. Réfléchissez à la diversité de ceux qui naissent, vivent ensemble et disparaissent. En outre, réfléchissez à la vie de ceux qui nous ont précédés, de ceux qui viendront après nous et de ceux qui vivent dans des sociétés primitives et qui ne savent peut-être même pas qui vous êtes. Réalisez que d'innombrables personnes oublieront votre nom, et que même ceux qui vous louent aujourd'hui vous condamneront bientôt. Rappelez-vous qu'un nom posthume, une réputation et tout le reste n'ont en fin de compte aucune signification.

31. La recherche de la liberté et de la justice dans les interactions sociales positives : Embrasser notre nature innée

Il est essentiel de garantir l'absence de perturbations causées par des facteurs externes. En outre, il est important de maintenir la justice dans les actions résultant d'impulsions internes. Ces actions devraient être axées sur des interactions sociales positives, car elles correspondent à notre nature innée.

32. Libérer son esprit : comment la contemplation de l'immensité de l'univers peut éliminer les perturbations inutiles

Vous pouvez facilement éliminer de nombreuses choses inutiles qui vous perturbent, car elles n'existent que dans votre propre opinion. En comprenant l'immensité de l'univers par la contemplation de son éternité, ainsi qu'en observant les changements rapides qui se produisent dans toutes les choses de la naissance à la dissolution, vous libérerez un vaste espace mental. Il convient de noter que le temps qui précède la naissance et celui qui suit la dissolution sont également illimités.

33. L'inéluctable décadence : Témoigner de la nature périssable de la vie

Tout ce que vous voyez finira par périr, et ceux qui en sont témoins périront aussi bientôt. Même quelqu'un qui vit jusqu'à un âge avancé finira dans le même état que quelqu'un qui est mort jeune.

34. Les motivations et principes paradoxaux qui sous-tendent l'expression de l'amour et du respect

Quels sont les principes premiers qui guident ces hommes et quelles sont les activités qui les occupent ? En outre, qu'est-ce qui les motive à exprimer de l'amour et du respect ? Imaginez leurs pensées et leurs émotions les plus intimes entièrement exposées. L'idée qu'ils croient que les réprimandes font du mal et que les compliments font du bien semble tout à fait absurde !

35. L'inéluctabilité du changement et la folie du perfectionnisme

La perte n'est qu'une forme de changement. La nature universelle se complaît dans le changement et toutes les choses y ont été et y seront toujours soumises. Depuis l'éternité, les choses ont été façonnées de manière cohérente et similaire, et elles le resteront à jamais. Croyez-vous que tout ce qui est passé, présent et futur est intrinsèquement défectueux ? Que d'innombrables dieux n'ont pas été capables de résoudre ces problèmes et que le monde est à jamais maudit par un chaos sans fin ?

36. La matière en mutation : L'essence de la vie en constante évolution

La décomposition au cœur de toute chose ! L'eau, la poussière, les os, la saleté. Les roches de marbre, les aspérités de la terre. L'or et l'argent ne sont que des sédiments, tandis que les vêtements sont constitués de simples cheveux. Même la teinture pourpre royale n'est que du sang, et tout le reste suit. L'essence de la vie, elle aussi, est sujette à des transformations, passant constamment d'une forme à une autre.

37. Briser le cycle de la misère : Se simplifier la vie et s'améliorer

Cessez de vivre une vie misérable en vous plaignant et en adoptant un comportement immature. Pourquoi es-tu contrarié ? Quelle est la cause de votre malaise ? Est-ce l'aspect de la situation ? Observez-la. Ou est-ce le fond de la situation ? Analysez-le. En dehors de ces facteurs, il n'y a rien d'autre. Simplifions donc notre approche des dieux et améliorons-nous. Que nous soyons obsédés par ces questions pendant seulement trois ans ou cent ans, c'est la même chose.

38. Malchanceux ou injuste ? Explorer le jeu de la responsabilité dans les malheurs

C'est sa malchance s'il a subi un malheur dû à ses propres actions. Cependant, il est possible qu'il n'ait rien fait de mal.

39. L'ultime dilemme : existe-t-il une source intelligente unique ou des atomes dispersés ?

Toutes les choses proviennent-elles d'une seule source intelligente et fonctionnent-elles ensemble comme un seul corps, où les parties individuelles ne peuvent pas critiquer les actions prises pour le bénéfice de l'ensemble ? Ou bien seuls les atomes existent-ils dans un état de mélange et de dispersion ? Dans ce dernier cas, pourquoi êtes-vous troublé ? Adressez-vous à la faculté dirigeante et demandez-lui si elle n'est pas devenue corrompue, hypocrite ou même animale en se regroupant et en se nourrissant avec les autres.

40. Obtenir de l'aide pour surmonter la peur, les désirs et la douleur : Repenser les prières aux dieux

Les dieux ont-ils un pouvoir ou non ? Si ce n'est pas le cas, pourquoi se donner la peine de les prier ? Mais s'ils ont un pouvoir, pourquoi ne pas leur demander de vous aider à surmonter vos peurs, vos désirs et vos souffrances au lieu de leur demander d'empêcher ces choses de se produire ? Après tout, si les dieux peuvent travailler avec les humains, ils peuvent certainement travailler sur ces questions aussi.

Vous pouvez arguer que les dieux vous ont donné le libre arbitre, mais n'est-il pas préférable d'utiliser ce pouvoir pour contrôler ce que vous pouvez plutôt que de souhaiter ce que vous ne pouvez pas ? Et qui dit que les dieux ne peuvent pas nous aider dans nos luttes personnelles ? Commencez à demander de l'aide pour ces choses et voyez ce qui se passe.

Par exemple, au lieu de demander "Comment puis-je séduire cette femme ?", demandez "Comment puis-je résister à la tentation de la poursuivre ?". Ou encore, au lieu de demander "Comment puis-je me sortir de cette situation ?", demandez "Comment puis-je cesser de ressentir le besoin de m'échapper ?". Et au lieu de demander "Comment empêcher mon enfant de mourir ?", demandez "Comment surmonter ma peur de perdre mon enfant ?".

Essayez de modifier vos prières de cette manière et voyez ce que cela donne.

41. **Maîtrisez votre esprit : Suivre l'exemple d'Épicure pour maintenir le bien-être malgré les maladies**

Épicure affirme que pendant sa maladie, il n'a pas parlé de ses affections physiques. Au contraire, il s'est abstenu de discuter de ces sujets avec ses visiteurs et a poursuivi son discours sur la manière dont l'esprit peut conserver son bien-être malgré les affections du corps. Il croyait qu'il fallait garder l'esprit libre de toute perturbation et rester concentré sur son propre bien. Il ne permettait pas aux médecins de paraître grandioses dans le traitement qu'ils lui réservaient. Au contraire, la vie d'Épicure s'est déroulée dans la satisfaction et la joie. C'est pourquoi, en suivant son exemple, il faut persévérer dans son adhésion à la philosophie, quelle que soit la situation qui se présente. C'est un principe fondamental de toutes les écoles de pensée que de s'abstenir de discussions frivoles avec des individus ignorants, et de se concentrer uniquement sur la tâche en cours et les outils nécessaires pour la mener à bien.

42. **L'art de comprendre : Comment la reconnaissance de la nature humaine nous aide à trouver la paix intérieure**

Lorsque vous êtes offensé par le comportement éhonté de quelqu'un, posez-vous la question : Est-il possible que les personnes impudiques n'existent pas ? La réponse est non. Ne vous attendez pas à l'impossible. Reconnaissez que cette personne n'est qu'une parmi tant d'autres qui se comportent de cette manière et qu'elle doit exister dans notre monde. Appliquez le même raisonnement aux personnes trompeuses et à tous ceux qui commettent des actes répréhensibles. En admettant que de telles personnes existeront toujours, vous deviendrez plus compréhensif à l'égard de chacun en tant qu'individu. Rappelez-vous que la nature nous a dotés de la vertu nécessaire pour nous opposer à tout acte répréhensible : la douceur contre la stupidité, et d'autres pouvoirs contre d'autres types de personnes.

Lorsqu'une situation se présente, il est utile de reconnaître la vertu que la nature nous a donnée pour contrer tout acte répréhensible. Au lieu de vous mettre en colère, vous devriez envisager d'enseigner à la personne qui s'est fourvoyée. Après tout, toute personne qui se trompe a manqué son objectif et a besoin d'être guidée. En outre, demandez-vous si les actions de la personne vous nuisent. Le plus souvent, les personnes qui nous offensent n'ont rien fait pour aggraver notre état d'esprit. Le mal que nous voyons dans leurs actions n'existe que dans notre propre esprit.

Si vous reprochez à quelqu'un d'être infidèle ou ingrat, prenez du recul et examinez la situation. La faute peut vous incomber, soit parce que vous avez fait confiance à quelqu'un qui n'était pas digne de confiance, soit parce que vous n'avez pas vraiment donné votre gentillesse sans rien attendre en retour. L'acte de bienveillance est sa propre récompense. Lorsque nous agissons conformément à notre nature pour aider les autres et promouvoir le bien commun, nous remplissons notre objectif et recevons notre propre satisfaction.

LIVRE 10

— Révéler sa force intérieure

Prenez votre vie en main et appréciez sa beauté. Suivez votre cœur et ignorez les questions sans importance. Comprenez qu'il est normal de faire des erreurs et qu'il n'est pas nécessaire d'être parfait pour être une bonne personne. Pensez au bien-être des autres, car tout est lié dans le monde. Reconnaître que tout change avec le temps. Visez à être une personne aimable, humble et honnête. Réalisez que le doute et la peur peuvent être à l'origine du succès ou de l'échec, et persistez même en cas d'échec. Une bonne personne est honnête, polie et serviable, alors concentrez-vous sur ces qualités. Les seules choses qui comptent sont vos croyances et vos actions. Rappelez-vous que la nature nous fournit de la nourriture et de l'eau pour le bien de tous, et que le monde aime toutes les choses existantes et non existantes. Acceptez la vie comme un voyage et tirez-en le meilleur parti, car la vie est un mystère et nous ne pouvons pas toujours contrôler ce qui se passe.

1. S'efforcer d'atteindre le pur contentement : Vivre en harmonie avec le divin et le monde qui vous entoure

Mon âme, t'efforceras-tu jamais d'être bonne, simple et pure - plus transparente que le corps qui t'entoure ? Seras-tu jamais content et satisfait de tout ce qui t'entoure ? Seras-tu comblé, sans rien désirer -

ni vivant, ni inanimé - uniquement pour la recherche du plaisir ? Profiterez-vous de la vie sans souhaiter plus de temps, un cadre différent, un meilleur climat ou une compagnie parfaite ? Serez-vous reconnaissant de votre situation actuelle, satisfait de tout ce qui vous entoure, et croirez-vous que tout vient du divin et que tout arrive pour une raison ? Soutiendrez-vous que tout va bien et que cela restera ainsi, que les dieux fournissent ou non, car l'essence parfaite, juste et belle de la vie lie et englobe toutes les choses, leur permettant de se transformer et de se reproduire ?

Prendras-tu soin de vivre parmi les dieux et les hommes en parfaite harmonie, sans motif de faute ou de condamnation ?

2. Embrassez vos instincts : un guide pour trouver l'équilibre entre la rationalité et l'être naturel

Observez ce que votre nature exige, en vous laissant guider uniquement par votre instinct. Suivez-le et acceptez-le s'il ne nuit pas à votre bien-être en tant qu'être vivant. Prêtez également attention à ce que votre nature exige en tant qu'animal rationnel. Vous pouvez vous adonner à ces activités si elles ne nuisent pas à votre rationalité. Cependant, n'oubliez pas qu'en tant qu'animal rationnel, vous êtes aussi un être social. Par conséquent, respectez ces lignes directrices et ne vous préoccupez pas d'autre chose.

3. De l'endurance à l'autonomisation : Relever les défis de la vie grâce au don de la nature

Tout ce qui arrive entre dans le cadre de votre capacité d'endurance naturelle ou la dépasse. Si c'est le cas, ne vous plaignez pas. Supportez-le comme vous avez été conçu pour le faire. Mais si cela dépasse votre capacité, ne vous plaignez pas non plus, car cela finira par vous consumer et disparaître. Rappelez-vous que la nature vous a équipé pour supporter toutes les choses et que vous avez le pouvoir de les rendre supportables et tolérables en les considérant comme avantageuses ou nécessaires.

4. Des réponses qui donnent du pouvoir : Corriger les erreurs avec responsabilité et gentillesse

Si une personne se trompe, donnez-lui gentiment des instructions et signalez-lui son erreur. Toutefois, si vous n'êtes pas en mesure de le faire, assumez la responsabilité de la situation ou abstenez-vous de vous blâmer.

5. Destiné depuis le début : Découvrir les fils de votre existence

Quoi qu'il t'arrive, cela t'était déjà destiné depuis le début des temps. La cause et l'effet étaient en mouvement, tissant la trame de votre existence et de tout ce qui en découle.

6. Le pouvoir de la connexion : Trouver le contentement dans le système de la nature

Tout d'abord, déterminons si l'univers est constitué d'atomes ou si la nature est organisée en système. Quoi qu'il en soit, je reconnais que je fais partie du tout régi par la nature et que je suis intimement lié à ceux qui me ressemblent. Sachant cela, je ne peux pas être mécontent du rôle qui m'est assigné au sein du tout. Ce qui profite au tout ne nuit pas à la partie, et tout ce qui fait partie du tout contribue à son avantage. L'univers a un principe supplémentaire selon lequel il ne peut générer quoi que ce soit de préjudiciable à lui-même, même sous une pression extérieure. En reconnaissant mon lien avec le tout, je peux trouver le contentement dans toutes les situations. Comme je suis étroitement lié à mes semblables, je n'agirai pas de manière égoïste. Au contraire, je donnerai la priorité à l'intérêt commun et je concentrerai mes efforts en conséquence. En suivant cette voie, je peux mener une vie heureuse, tout comme un citoyen peut être satisfait en menant des actions bénéfiques pour sa communauté et en acceptant le rôle qui lui est assigné au sein de l'État.

7. Le changement inévitable : Comprendre le processus naturel de l'univers

Dans l'univers, tout doit naturellement subir des changements, y compris les parties qui composent le tout. Il faut comprendre que ce changement n'est pas nécessairement un mal, mais plutôt une caractéristique inhérente à l'univers. Cependant, si les parties sont sujettes au changement, il s'ensuit que l'ensemble ne peut rester en bon état. La question qui se pose alors est la suivante : la nature a-t-elle voulu que les parties souffrent du mal et y soient soumises ? Ou cela s'est-il produit accidentellement ? Les deux hypothèses sont peu probables.

Même si nous supprimons le concept de la nature en tant que puissance efficace et que nous considérons simplement ces changements comme naturels, il serait absurde de s'en étonner ou de s'en offusquer. Les parties du tout sont destinées à changer, ce qui n'est pas en contradiction avec leur état naturel. D'ailleurs, lorsque les choses se dissolvent, elles retournent aux éléments qui les ont composées. Cela peut prendre la forme d'une dispersion de ces éléments ou d'une transformation de la matière de solide en terrestre ou d'aérien en aérien. En fin de compte, ces parties sont réunies à la raison universelle, que ce soit par le renouvellement ou la consommation par le feu.

Il est important de se rappeler que même les éléments solides et aériens qui composent notre corps et le monde qui nous entoure ne sont pas permanents. Elles n'ont été acquises que récemment par l'alimentation et l'air. Elles subiront elles aussi des changements, mais cela ne doit pas susciter d'inquiétude ou d'objection.

En bref, tout est sujet au changement, et il n'y a pas lieu de s'en étonner ou de s'en offusquer. Il s'agit d'un processus naturel, qui fait partie intégrante de l'univers et des éléments qui le composent.

8.   Transformez votre vie : Garder ces six noms changera tout

Une fois que vous avez adopté ces noms - bon, modeste, vrai, rationnel, équanime et magnanime - veillez à ne pas vous en défaire. Si vous les perdez, récupérez-les sans tarder. Le terme "rationnel" fait référence à l'attention portée à chaque chose et à l'absence de négligence. L'équanimité est l'acceptation consciente des circonstances prévues par la nature. La magnanimité consiste à élever la partie intellectuelle de soi-même au-dessus du plaisir, de la douleur, de la renommée, de la mort et de toutes les choses de ce genre. S'accrocher à ces noms, pour soi-même et non pour le bénéfice des autres, vous transformera et vous permettra de vivre une vie différente. Continuer à vivre comme vous l'avez fait et à souffrir dans une telle vie est insensé et montre un attachement excessif à la vie, comme un gladiateur couvert de blessures mais qui supplie encore pour un autre combat. Accrochez-vous donc fermement à ces noms, comme si vous aviez été transporté sur une île heureuse. Si vous vous éloignez de ces idéaux, trouvez un endroit isolé pour vous remettre sur les rails, voire quittez la vie avec simplicité, liberté et modestie, mais pas par passion. Au moins, vous pourrez dire que vous avez accompli ce grand exploit avant de quitter la vie. Pour vous aider à retenir ces noms, rappelez-vous que les dieux préfèrent que les êtres raisonnables leur ressemblent et ne recherchent pas la flatterie. N'oublie pas non plus qu'un figuier fait le travail d'un figuier, qu'un chien fait le travail d'un chien, qu'une abeille fait le travail d'une abeille et qu'une personne doit faire le travail d'une personne.

9. Protéger ses principes : L'importance de la contemplation et de la compréhension en temps de guerre et d'esclavage

Mimi, tes principes sacrés seront effacés chaque jour par la guerre, l'étonnement, la torpeur, l'esclavage. Combien de choses imaginez-vous sans étudier la nature, et combien en négligez-vous ? Il est de votre responsabilité non seulement d'observer, mais aussi d'agir de manière à améliorer votre capacité à faire face aux circonstances. Vous devez exercer votre faculté contemplative et garder confiance en votre savoir sans l'afficher ouvertement, mais aussi sans le dissimuler complètement.

Vous devez rechercher la simplicité, la gravité et une compréhension approfondie de chaque chose. Cela inclut la substance de chaque chose, sa place dans l'univers, sa durée de vie, sa composition et qui a le pouvoir de la posséder ou de l'enlever.

10. La prise sauvage : Les araignées sont-elles vraiment fières ou ne sont-elles que des voleuses ?

L'araignée se réjouit de la capture d'une mouche. De même, certains se sentent triomphants après avoir pris un petit lièvre, attrapé un anchois, chassé un sanglier ou un ours, ou conquis les Sarmates. Mais si l'on considère leurs principes, ne sont-ils pas tous des brigands ?

11. Transformer la sagesse : La voie de la magnanimité vers la vertu et le contentement

Adoptez la manière contemplative d'observer comment toutes les choses se transforment les unes dans les autres. Soyez toujours attentif et concentrez-vous sur cet aspect de la philosophie. Cette pratique favorise la magnanimité comme rien d'autre. En adoptant cette façon de penser, on transcende le corps et on reconnaît l'inévitabilité du départ de cette vie terrestre, même si le moment exact reste inconnu. Dans toutes les actions, on s'engage totalement à faire ce qui est juste. On s'abandonne aussi entièrement à la nature universelle, en se contentant de ce qui est actuellement assigné et en renonçant à toutes les distractions et à toutes les poursuites inutiles. On reste indifférent à ce que les autres pensent, disent et font, et on se concentre sur les deux choses qui comptent : faire ce qui est juste et se contenter de ce qu'on a à faire. En suivant un chemin vertueux à travers la loi, on atteint le droit chemin et on reste proche de Dieu.

12. Embrasser la raison : Surmonter l'insécurité et atteindre l'harmonie dans la vie

Pourquoi succomber à une insécurité paranoïaque, alors que vous pouvez évaluer la situation et déterminer le meilleur plan d'action ? Si la voie à suivre est claire, allez-y en toute confiance et sans hésitation. En revanche, en cas d'incertitude, demandez l'avis de conseillers de confiance. Si des obstacles surgissent, procédez avec intégrité, en vous souciant de ce qui est juste et dans les limites de vos capacités. S'efforcer d'atteindre cet objectif est admirable, même s'il s'avère en fin de compte insaisissable. Les personnes qui appliquent la raison dans tous les aspects de leur vie sont harmonieuses, productives et optimistes.

13. Découvrir le vol de vertus : comment les actions peuvent être plus éloquentes que les mots

Au réveil, demandez-vous s'il vous importe vraiment que les autres agissent avec justice. La réponse est non. Rappelez-vous que ceux qui se montrent supérieurs lorsqu'ils louent ou critiquent les autres sont les mêmes en privé. Considérez leurs actions, ce qu'ils recherchent et comment ils utilisent leurs mots pour tromper et manipuler. Ils ne volent peut-être pas avec leurs mains et leurs pieds, mais ils volent avec leur bien le plus précieux, qui peut produire la loyauté, la modestie, l'honnêteté, le respect de la loi et un esprit satisfait.

14. Le sage soumis : Trouver le contentement dans la volonté de la nature

L'homme instruit et humble ne trouve rien à redire à la nature, qui donne et prend tout. Il se soumet avec satisfaction à sa volonté, en disant : "Accordez-moi ce que vous voulez ; reprenez-moi ce qu'il vous plaît." Il ne parle pas avec prétention, mais avec une humble déférence pour son pouvoir et une acceptation reconnaissante de ses bienfaits.

15. Vivre de façon authentique : Embrasser la nature et laisser briller son vrai moi

Il reste peu de temps à vivre, alors faites en sorte qu'il compte. Vivez comme sur une montagne, car peu importe où vous êtes tant que vous vivez en accord avec la nature, partout dans le monde, comme s'il s'agissait d'une communauté politique. Soyez vous-même, laissez les autres reconnaître une personne authentique qui vit en harmonie avec la nature. S'ils ne peuvent pas t'accepter, qu'ils se débarrassent de toi, c'est mieux que de vivre une vie insatisfaite comme le commun des mortels.

16.   Sois l'homme : Incarner les qualités d'un homme bon

Cessez de discuter des caractéristiques qu'un homme bon doit posséder et commencez à les incarner.

17.   Perspective : Comment les minuscules taches du présent s'intègrent dans l'immensité du temps et de la matière

Il faut toujours considérer l'ensemble du temps et de la substance, en reconnaissant que chaque chose individuelle n'est qu'un minuscule grain par rapport à l'immensité du tout, et qu'en termes de temps, elle s'apparente au tour rapide d'une perceuse.

18.   La   beauté   de   la   décomposition :   Reconnaître   la transformation inévitable de l'existence

Observer tout ce qui existe et reconnaître son inévitable état de décomposition et de transformation, comme s'il était décomposé, dispersé ou naturellement enclin à périr.

19.   De l'esclavage au pouvoir : examiner le comportement des hommes dans différents contextes et réfléchir à leur avenir

Pensez à la façon dont les hommes se comportent lorsqu'ils mangent, dorment, font l'amour, vont aux toilettes, etc. Comparez cela à leur comportement lorsqu'ils sont autoritaires et imbus d'eux-mêmes, ou lorsqu'ils sont en colère et crient depuis leur position de pouvoir. Il n'y a pas si longtemps, nombre d'entre eux étaient des esclaves, et pour quelle raison ? Prenez un moment pour imaginer ce que pourrait être leur avenir.

20.   Le timing parfait de la nature : Le meilleur pour tous

La nature universelle fournit à chaque chose ce qui est bon pour elle. Cela se produit au moment opportun, tel que déterminé par la nature.

21.   L'amour naturel de l'univers pour la pluie : Une réflexion sur le nôtre

La terre adore la pluie, et le ciel majestueux l'adore aussi. L'univers a une tendance naturelle à créer tout ce qui doit exister. J'exprime donc à l'univers que j'aime comme vous aimez. En outre, ne peut-on pas dire que certaines choses ont tendance à être créées ?

22. Faire face aux scénarios de la vie : Trouver le courage et la positivité

Soit vous résidez ici et vous vous y êtes habitué, soit vous avez choisi de partir, soit vous êtes en train de mourir et vous avez rempli vos obligations. Il n'y a rien au-delà de ces scénarios. Alors, prenez courage et adoptez une attitude positive.

23. L'égalité universelle des terres : un aperçu de Platon

N'oubliez jamais que ce terrain n'est pas différent d'un autre, et que tout ici n'est pas différent de ce que vous trouverez au sommet d'une montagne ou au bord de la mer. Comme le disait Platon, vivre dans les murs d'une ville n'est pas différent d'être dans la bergerie d'un berger sur une montagne.

24. Percer le mystère de ma faculté de jugement : Fonctionne-t-elle en phase avec mon corps et mes interactions sociales ?

Quelle est ma faculté de jugement actuelle ? Comment l'utilisei-je et dans quel but ? Manque-t-elle de compréhension ? S'est-elle détachée de l'interaction sociale ? A-t-elle fusionné avec mon corps physique pour ne faire qu'un ?

25. La fuite devant la loi : Le maître universel de la peur, du chagrin et de la colère

Toute personne qui fuit son maître est considérée comme un fugitif. De même, quiconque enfreint la loi est également un fugitif, car la loi est le maître ultime. Même si l'on est contrarié, en colère ou inquiet à propos de quelque chose qui s'est produit ou qui va se produire, c'est parce que cela a été décidé par le maître de toutes choses, qui est la loi et qui détermine ce qui est approprié pour tout le monde. Par conséquent, toute personne qui éprouve de la peur, du chagrin ou de la colère est considérée comme un fugitif.

26. Le merveilleux voyage de la graine à la perception

Un homme dépose sa semence dans un utérus et s'en va, puis une autre cause prend le relais et travaille sur elle pour créer un enfant. N'est-il pas étonnant que quelque chose d'aussi merveilleux puisse naître d'un commencement aussi simple ? L'enfant avale de la nourriture et une autre cause la transforme en perception, en mouvement, en force et plus encore. Il est incroyable de contempler la diversité des processus à l'œuvre ! Prenez le temps de considérer toutes les choses qui se produisent et sont produites d'une manière si énigmatique. Observez la puissance qui se cache derrière tout cela, comme la force qui fait monter et descendre les choses sans que nous la voyions de nos yeux, mais qui est pourtant claire comme de l'eau de roche.

27. À travers le temps et l'histoire : Reconnaître des modèles dans le présent

Rappelez-vous toujours que les choses, telles qu'elles sont aujourd'hui, ont déjà été et seront encore. Visualisez divers scénarios, tels que ceux que vous avez appris de vos expériences et des récits historiques. Imaginez des drames et des scènes entières avec la même structure de base, comme les cours d'Hadrien, d'Antonin, de Philippe, d'Alexandre et de Crésus. Elles ressemblent toutes à ce que nous voyons aujourd'hui, mais avec des participants différents.

28. Le choix rationnel : Pourquoi seuls les humains peuvent choisir leur voie

Considérez tout homme qui est affligé ou mécontent comme un porc sacrifié, qui se débat et crie pour protester. De même, ceux qui se lamentent silencieusement sur leur sort en restant couchés dans leur lit sont comme ce porc. Il est important de reconnaître que seuls les êtres rationnels peuvent choisir volontairement leurs actions, tandis que les autres doivent suivre les nécessités qui leur sont imposées.

29. Réfléchissez avant d'agir : S'interroger sur la peur de la mort et de ses pertes

Avant d'entreprendre quoi que ce soit, demandez-vous si la mort est vraiment redoutable parce qu'elle vous prive de cela.

30. Se tourner vers l'intérieur : comment l'autoréflexion peut vous aider à vous libérer de l'offense

Lorsque vous vous sentez offensé par l'erreur de quelqu'un, regardez immédiatement vers l'intérieur et réfléchissez à la manière dont vous avez pu commettre une erreur similaire. Par exemple, vous pensez peut-être que la richesse, le plaisir ou le statut social sont désirables. En réfléchissant à cela, vous pouvez rapidement évacuer votre colère. En outre, si vous vous rappelez que la personne a agi par contrainte, il vous sera plus facile de lui pardonner. Si vous avez le pouvoir de la libérer de cette compulsion, c'est encore mieux.

31. Considérer l'humanité comme une fumée : Vivre une vie ordonnée

Quand vous voyez Satyron, le Socratique, pensez à Eutychès ou à Hymen. Quand vous voyez Euphrate, pensez à Eutychion ou à Silvanus. Quand vous voyez Alciphron, pensez à Tropaeophorus. Quand tu vois Xénophon, pense à Criton ou à Sévère. Et lorsque vous vous regardez, pensez à n'importe quel autre César. Appliquez cela à chaque personne que vous rencontrez. Puis réfléchissez à cette pensée : Où sont ces hommes aujourd'hui ? Nulle part. Personne ne sait où ils sont. Considérez continuellement les choses humaines comme de la fumée et rien du tout, en particulier lorsque vous réalisez que ce qui a changé n'existera plus jamais dans le temps infini.

Songez à la brièveté de votre existence. Pourquoi ne pas en tirer le meilleur parti en menant une vie ordonnée ? Quelles sont les opportunités et les capacités qui vous échappent ? Tout dans la vie est un exercice pour votre esprit. Étudiez attentivement sa nature et examinez tout ce qui se passe dans la vie. Continuez jusqu'à ce que vos expériences vous appartiennent, tout comme un estomac solide absorbe tous les nutriments et qu'un feu ardent brille de tout ce qu'on lui jette.

32. Libérez votre super-pouvoir d'intégrité : Comment rendre impossible à quiconque de douter de votre honnêteté et de votre bonté

Faites en sorte que personne ne puisse vraiment dire que vous n'êtes pas honnête ou bon. Faites en sorte que quiconque pense le contraire ait tort, et cela est entièrement sous votre contrôle. Qui peut vous empêcher d'être une personne bonne et honnête ? Décidez que vous ne continuerez pas à vivre si vous n'êtes pas une telle personne. La raison veut que vous ne puissiez pas continuer à vivre si vous ne l'êtes pas.

33. Comment surmonter les obstacles et trouver le plaisir de vivre selon la raison

Comment agir en accord avec la raison lorsqu'il s'agit de choses matérielles, comme notre vie ? Quoi qu'il en soit, vous avez le pouvoir de le faire ou de le dire, sans vous excuser d'aucune entrave. Vous ne cesserez de vous lamenter tant que votre esprit ne sera pas dans un état où faire ce qui est conforme à la nature humaine vous est aussi agréable que le luxe l'est à ceux qui recherchent le plaisir. En tant qu'être humain, vous devriez trouver du plaisir à faire tout ce qui est en votre pouvoir et conforme à votre propre nature. Heureusement, cela est possible dans toutes les situations. Alors que la nature ou une âme irrationnelle peut empêcher le mouvement d'objets tels que le cylindre, l'eau ou le feu, votre intelligence et votre raison peuvent surmonter tous les obstacles que vous rencontrez. Imaginez cela aussi clairement que vous visualisez le feu se déplaçant vers le haut, une pierre descendant ou un cylindre roulant sur une surface inclinée. Ne cherchez pas d'autre solution que celle-là. Les autres obstacles peuvent n'affecter que votre corps, qui est une chose morte, ou ils peuvent seulement écraser votre raison si vous le permettez. La seule façon dont ces obstacles pourraient vraiment vous nuire serait qu'ils fassent de vous une mauvaise personne, mais vous avez le pouvoir de choisir de devenir meilleur et de mériter davantage d'éloges grâce à eux. Enfin, souvenez-vous que rien ne peut nuire à un vrai citoyen s'il ne nuit pas à l'État, et que rien ne peut nuire à l'État s'il ne nuit pas à la loi. Par conséquent, aucun malheur ne peut nuire à la loi et, par conséquent, il ne peut pas non plus nuire à l'État ou à ses citoyens.

34. La nature éphémère de la vie : Le simple rappel de vivre sans peur ni chagrin

Pour quelqu'un qui comprend les vrais principes, même l'instruction la plus courte suffit, comme ce simple rappel de se libérer du chagrin et de la peur :

"Comme les feuilles qui tombent, dispersées par le vent,

Il en va de même pour l'humanité".

Les feuilles sont comme vos enfants, et comme ceux qui vous louent ou vous critiquent, ou qui transmettent votre renommée aux générations futures. Elles vont et viennent au gré des saisons, comme le dit le poète. Toutes les choses sont éphémères, et pourtant vous les poursuivez comme si elles allaient durer éternellement. Mais dans peu de temps, vous fermerez les yeux et quelqu'un d'autre pleurera votre disparition.

35. L'état d'esprit sain : Voir au-delà de l'autosatisfaction et accepter tous les sens

L'œil humain devrait être capable de voir toutes les choses visibles sans désirer des couleurs spécifiques comme le vert, car de tels désirs indiquent que l'œil est malade. De même, une ouïe et un odorat sains doivent pouvoir percevoir tout ce qui peut être entendu et senti. L'estomac sain doit traiter tous les aliments comme un moulin destiné à tout broyer. Enfin, une compréhension saine doit être en mesure de faire face à toutes les situations qui se présentent. Cependant, l'état d'esprit qui consiste à dire : "Laissez vivre mes proches et laissez tout le monde me louer indépendamment de mes actions" équivaut à un œil qui cherche des choses vertes ou à des dents qui cherchent des objets mous.

36. Trouver la paix dans le départ : Accepter l'inévitable libération des durs professeurs de la vie

Aucun homme n'est à l'abri d'une personne présente à sa mort qui se réjouit de son départ imminent. Même si le mourant était bon et sage, il y aura toujours des gens qui se diront : "Enfin, nous pouvons respirer librement, maintenant que nous sommes débarrassés de ce sévère professeur". Même si la personne n'a pas été dure avec eux, elle les a peut-être subtilement condamnés, comme c'est souvent le cas avec les bonnes personnes. Lorsqu'il s'agit de notre propre mort, il existe d'innombrables autres raisons pour lesquelles les gens peuvent vouloir se débarrasser de nous. Nous devrions en tenir compte lorsque nous quittons cette vie, en pensant que nous quittons un monde où même nos proches espèrent peut-être secrètement notre départ, peut-être pour en tirer un avantage personnel. En gardant cela à l'esprit, il n'y a aucune raison de s'accrocher à la vie plus longtemps que nécessaire.

Cependant, nous ne devons pas partir avec de l'amertume envers les autres. Au contraire, nous devons partir avec gentillesse, en conservant notre propre caractère d'amitié, de bienveillance et de douceur. Notre séparation d'avec les autres devrait être aussi paisible qu'une mort tranquille. Tout comme l'âme se sépare facilement du corps lors d'une mort naturelle, nous devrions naturellement nous séparer de ceux avec qui nous étions autrefois unis. Cette séparation ne doit pas être forcée, mais plutôt naturelle et paisible, comme le veut la nature.

37. Maîtriser l'art de l'auto-examen : Une clé pour comprendre les objectifs des autres

Prenez l'habitude de toujours vous demander, lorsque quelqu'un fait quelque chose, "Quel est l'objectif de cette personne ?" Toutefois, avant de le faire, concentrez-vous sur vous-même et procédez d'abord à un examen de conscience.

38. Les joyaux cachés du pouvoir intérieur : La persuasion, la vie et l'essence humaine

Rappelez-vous toujours que le véritable pouvoir réside dans ce qui est caché à l'intérieur - la force de persuasion, l'essence de la vie, la définition même de l'humanité. Lorsque vous faites votre introspection, n'incluez pas le vaisseau qui vous enferme ni les instruments qui y sont attachés. Ceux-ci sont comparables à une hache et ne se distinguent que par leur attachement au corps. Tout comme la navette du tisserand, la plume de l'écrivain ou le fouet du conducteur, ces pièces ne servent à rien si elles ne sont pas mues et contrôlées par leurs forces respectives.

LIVRE 11

— Le voyage à la découverte de soi

Agissez maintenant et montrez de la gentillesse à ceux qui vous entourent. Appréciez l'art dans notre monde et comprenez les lois et les principes de la nature pour atteindre votre but. Vivre pleinement sa vie et trouver un équilibre entre la connaissance et l'expérience. Renouer avec nos voisins et être fidèle à soi-même et aux autres. Soyez unique et faites ce qui vous apporte de la joie. Acceptez les émotions telles que la colère et le chagrin, lorsque c'est nécessaire, mais ajustez aussi vos pensées lorsqu'elles s'égarent. Obéissez à l'ordre cosmique et collaborez pour atteindre un objectif commun. Affrontez vos peurs et souvenez-vous des grands hommes du passé. Regardez vers le ciel et faites preuve de sagesse et d'éloquence dans vos paroles et vos actes. Apprenez chaque jour quelque chose de nouveau et soyez humble et patient avec vous-même. Enfin, acceptez que la vie est un cycle de transformation et de progrès, et que rien ne disparaît jamais vraiment.

1. L'âme rationnelle : introspection, épanouissement et accueil de l'univers

Voici les caractéristiques de l'âme rationnelle : elle peut s'introspecter, réfléchir et se modeler comme elle le souhaite ; elle jouit des fruits de son propre travail - tout comme les plantes donnent des fruits que d'autres peuvent savourer, et les animaux offrent leur équivalent de fruits aux autres ; l'âme atteint ses propres objectifs, aussi lointains qu'ils puissent paraître. À la différence d'une danse ou d'une pièce de théâtre, dont la représentation entière semble incomplète si elle est interrompue, l'âme peut atteindre l'accomplissement et la complétude dans chaque fragment de son existence. Elle peut proclamer : "Je possède ce qui m'appartient". En outre, l'âme s'étend à tous les domaines de l'univers et arpente l'immensité du vide, saisissant sa structure et embrassant la renaissance cyclique de toute chose. Elle comprend que ceux qui viendront après nous ne rencontreront rien de nouveau, puisque ceux qui nous ont précédés n'en ont pas connu non plus. En fait, une personne de quarante ans, pour autant qu'elle ait des capacités cognitives, a déjà vu tout ce qui a jamais été - tout cela en raison de la régularité qui caractérise toute chose. L'amour du prochain, l'honnêteté, l'humilité et le fait de ne rien apprécier plus que soi-même sont également des caractéristiques essentielles de cette âme rationnelle. Tel est le fondement du droit, et ce sens moral ne diffère guère du sens de la justice.

2. Le pouvoir de la dévaluation : Pourquoi la décomposition des éléments de la vie est la clé pour atteindre la vertu

Vous n'aurez pas beaucoup de valeur dans les airs agréables, la danse ou un concours physique, si vous décomposez la mélodie de la voix en ses sons distincts et si vous vous demandez si vous êtes envoûté par chacun d'entre eux. La honte vous empêchera de l'admettre, mais il est nécessaire de faire de même avec chaque mouvement et chaque pose dans la danse et le pancrace. À l'exception des actes et attributs vertueux, décomposez toujours toutes les autres choses en éléments et dévalorisez-les. Faites de ce principe la norme de toute votre vie.

3. Embrasser la transcendance : L'art de se préparer sans s'entêter

Une âme vraiment admirable est celle qui est prête à se séparer du corps à tout moment, qu'il cesse d'exister, qu'il s'évanouisse ou qu'il se poursuive dans un autre monde. Mais cette disposition doit résulter d'une conviction personnelle et non d'un entêtement, à la différence des chrétiens. Elle doit être prudente, digne et convaincante, sans recourir à la théâtralité.

4. Contribuer au bien commun, une récompense à la clé

Ai-je contribué au bien commun ? Si oui, j'ai reçu ma récompense. Gardez cette pensée à l'esprit et continuez à faire le bien sans relâche.

5. Révéler l'artisanat vertueux : Explorer les principes essentiels de l'évolution universelle et humaine

Quel est votre métier ? Être vertueux. Et comment y parvenir si ce n'est par le biais de principes fondamentaux, concernant d'une part la nature de l'univers et d'autre part la structure idéale de l'humanité ?

6. Un souvenir de la tragédie : Le pouvoir du théâtre dans l'acceptation des événements naturels de la vie

À l'origine, les tragédies étaient jouées sur scène pour rappeler aux individus que les événements se produisent naturellement et qu'il est essentiel de les accepter tels qu'ils sont. Si vous trouvez de la joie dans ce qui est représenté sur scène, vous ne devriez pas être déconcerté par ce qui se passe dans la réalité. Il est évident que certains événements sont destinés à se produire et que les individus qui crient en signe de protestation, comme "O Cithaeron", doivent les endurer. Les auteurs dramatiques ont fait des déclarations remarquables, telles que : "Si les dieux me négligent, moi et mes enfants, c'est qu'il y a une raison à cela". En outre, "Nous devons apprendre à accepter ce qui arrive" et "Nous devons récolter les fruits de la vie comme un champ de blé".

La tragédie a été suivie par la comédie ancienne, qui avait la capacité de parler clairement et, par conséquent, de rappeler aux individus de se tenir à l'écart de tout acte d'insolence. Diogène lui-même cherchait à s'inspirer de ces auteurs. Quant à la comédie du milieu, elle était destinée à être observée pour son rôle, et elle a conduit à l'introduction d'une nouvelle comédie qui, avec le temps, s'est transformée en simple spectacle. Bien que l'on sache que, même parmi ces auteurs, des points valables ont été soulevés, il convient de s'interroger sur l'objectif global de cette poésie et de ce théâtre.

7. La condition de vie parfaite pour philosopher - la vôtre dès maintenant !

Il n'y a pas d'autre condition de vie plus propice au philosopher que celle dans laquelle vous vous trouvez actuellement.

8. Le prix de la haine : Comment la séparation vous coupe de la société et la lutte pour rejoindre les branches du système social

Lorsqu'une branche est coupée d'une autre, elle est nécessairement coupée de l'arbre tout entier. Il en va de même pour une personne qui se sépare des autres : elle se détache de la société dans son ensemble. Alors qu'une branche peut être coupée par quelqu'un d'autre, une personne se sépare de ses voisins par ses propres actions - notamment en nourrissant de la haine et en se détournant d'eux. Ce qu'elle ne réalise peut-être pas, c'est qu'en agissant de la sorte, elle se coupe également de l'ensemble du système social. Cependant, Zeus, qui a créé la société, nous a accordé le privilège d'y retrouver notre place et de devenir une partie active de l'ensemble.

Cependant, la séparation répétée rend difficile la réunion et la restauration de ce qui a été divisé. Enfin, une branche qui a grandi avec l'arbre depuis le début et qui fait partie de son noyau est fondamentalement différente d'une branche qui a été coupée puis rattachée. Même si cette dernière semble croître à côté de l'arbre, comme diraient les jardiniers, elle n'est pas unie à lui de la même manière.

9. L'art d'équilibrer la raison et la compassion : Franchir les obstacles pour mener à bien sa mission

Alors que vous poursuivez votre chemin sur la voie de la raison droite, ne permettez à personne qui se trouve sur votre chemin de vous détourner de votre mission. Et pourtant, tout en restant ferme, ne les laissez pas vous priver de votre compassion à leur égard. Gardez les deux à l'esprit, non seulement dans votre jugement et votre action inébranlables, mais aussi dans votre bienveillance à l'égard de ceux qui cherchent à vous entraver ou à vous déranger. Perdre son sang-froid face à eux est également une faiblesse, tout comme le fait de s'écarter de son objectif et de céder à la peur. Dans les deux cas, vous abandonnez votre poste, que ce soit par peur ou par éloignement de quelqu'un qui est, par nature, un parent et un ami.

10. L'art de l'imitation : Pourquoi la nature est le véritable chef-d'œuvre

L'art ne peut être considéré comme supérieur à la nature, car les arts ne font qu'imiter les qualités inhérentes à la nature. En fait, si les arts sont censés imiter la nature, celle-ci doit être la source d'inspiration la plus parfaite et la plus complète. La nature doit également être capable d'atteindre le même niveau de sophistication et de maîtrise que l'art. Toute forme d'art sert un but plus important, et la nature ne fait pas exception. C'est d'ailleurs de là que vient le concept de justice. Toutes les autres vertus découlent de la justice. Par conséquent, nous devons veiller à ne pas nous focaliser sur des choses insignifiantes ou à ne pas devenir insouciants et incohérents dans nos actions si nous voulons défendre la justice.

11. Libérez-vous du jugement et attirez vos désirs : Le pouvoir de l'énergie calme

Si les choses que vous désirez ne se présentent pas à vous, même si leur poursuite ou leur évitement vous trouble, vous exercez tout de même de l'énergie à leur égard. Mettez donc de côté les jugements que vous pouvez avoir sur ces choses, et elles deviendront calmes. Vous n'aurez plus l'impression de les poursuivre ou de les éviter activement.

12. La lumière qui éclaire : Révéler la vérité sur la forme sphérique de l'âme intacte

La forme sphérique de l'âme reste intacte lorsqu'elle ne se tend pas, ne se retire pas, ne se disperse pas, ne tombe pas, mais qu'elle est éclairée par une lumière qui lui permet de percevoir la vérité - à la fois la vérité de toutes choses et la vérité inhérente à elle-même.

13. S'élever au-dessus du mépris : Le noble caractère de la bonté et de la bienveillance

Si quelqu'un me méprise, qu'il le fasse. Mon souci est de ne rien faire ni dire qui mérite le mépris ou l'opprobre. Si quelqu'un nourrit de la haine à mon égard, qu'il sache que j'aborde tout le monde avec gentillesse et bienveillance. De plus, je l'aiderai même à comprendre son erreur, sans reproche ni mise en scène, comme l'a fait le grand Phocion (à moins, bien sûr, qu'il n'ait fait semblant). Il est essentiel que le caractère d'une personne soit tel que même les dieux la voient comme n'étant pas mécontente ou se plaignant. Après tout, quel mal y a-t-il à faire ce qui correspond le mieux à sa nature et à se satisfaire de ce qui convient actuellement à l'univers puisque, en tant qu'humain, on est censé jouer son rôle pour le bien commun ?

14. S'élever et se soumettre : La dynamique complexe de l'interaction humaine

Les humains se déprécient et se complètent à la fois, avec le désir de s'élever ou de se soumettre aux autres.

15. La tromperie dans les déclarations : Pourquoi les mots ne suffisent pas pour juger du caractère d'une personne

Quel manque de sincérité et quelle malhonnêteté de la part de quelqu'un qui déclare : "J'ai l'intention de vous traiter équitablement !" Pourquoi s'embarrasser de telles paroles, mon ami ? Les actes sont plus éloquents que les paroles, et les intentions d'une personne se révèlent en temps voulu. Le caractère d'une personne devrait être inscrit sur son front, et ses yeux le révèlent immédiatement. De même, l'être aimé peut lire le cœur de son amant dans ses yeux. L'honnêteté et la bonté dégagent une forte odeur, que tout spectateur peut détecter à son approche, qu'elle soit agréable ou désagréable. La simplicité, en revanche, est comme un bâton tordu - une affectation à éviter. Il n'y a rien de plus déshonorant qu'une fausse amitié ou une amitié de loup. Il faut s'en méfier par-dessus tout. Ceux qui sont bons, simples et bienveillants affichent ces qualités à travers leurs yeux, et il n'y a pas moyen de s'y tromper. L'allusion à l'"amitié de loup" renvoie à la fable des loups et des brebis.

16. Le pouvoir intérieur : Comment vivre votre meilleure vie malgré l'indifférence et l'auto-jugement

Pour vivre la meilleure vie possible, le pouvoir se trouve dans notre âme. Si nous restons indifférents aux choses qui sont elles-mêmes indifférentes, nous aurons ce pouvoir. Nous y parvenons en regardant chacune de ces choses séparément et ensemble, tout en nous rappelant qu'elles ne produisent pas d'opinion sur elles-mêmes et qu'elles ne viennent pas à nous. C'est nous qui créons ces jugements, en les écrivant nous-mêmes, mais nous avons le pouvoir de ne pas le faire. Par ailleurs, si ces faux jugements se sont insinués dans notre esprit, nous pouvons les effacer. Il est impératif que nous nous rappelions que cette attention à l'indifférence sera brève, et que la vie prendra fin. De plus, il n'y a aucune difficulté à le faire. Les choses qui sont conformes à la nature, réjouissez-vous-en et elles viendront facilement à vous. En revanche, si elles ne le sont pas, recherchez ce qui est conforme à votre nature et efforcez-vous de l'obtenir, même si cela ne vous apporte pas de prestige. Chacun a le droit de rechercher son propre bien.

17. Le voyage élémentaire : Explorer les origines et les transformations de toutes choses

Considérez l'origine, la composition, la transformation et la forme finale de chaque chose. De plus, reconnaissez qu'il ne sera pas endommagé au cours de ce processus.

18. Neuf changements d'état d'esprit pour surmonter l'offense avant que la colère ne s'installe

Lorsque quelqu'un vous offense, pensez à ce qui suit : tout d'abord, réfléchissez à notre relation en tant qu'êtres humains et à la façon dont nous avons été créés pour être interconnectés. Mais rappelez-vous aussi que j'étais censé les guider, comme un bélier mène un troupeau ou un taureau. En outre, considérez que, si toutes les choses ne sont pas simplement des atomes, la nature ordonne tout, et les choses inférieures existent pour le bénéfice des choses supérieures, et celles-ci, à leur tour, les unes pour les autres.

Deuxièmement, examinez le type de personnes qui vous ont offensé et leur comportement à table ou au lit. Considérez les attitudes qui influencent leurs actions. Si quelqu'un agit de manière inappropriée, ne vous laissez pas perturber. Vous ne pouvez pas changer son comportement par la colère, mais abordez plutôt la situation avec un comportement pacifique.

Troisièmement, considérez que si quelqu'un agit correctement, ne lui en voulez pas. Si quelqu'un agit injustement, comprenez que vous ne comprenez probablement pas la vérité et que vous agissez par ignorance. Ne prenez pas leurs erreurs personnellement, car elles n'ont rien à voir avec vous.

Quatrièmement, soyez humble et souvenez-vous que tout le monde fait des erreurs. Même si vous évitez certaines fautes, vous avez toujours la possibilité de les commettre. Faites preuve d'empathie et ne jugez pas sévèrement les autres pour les erreurs qu'ils commettent.

Cinquièmement, n'oubliez pas qu'il se peut que vous ne compreniez pas entièrement les circonstances dans lesquelles une autre personne a agi. Il serait préférable que vous appreniez beaucoup avant de porter un jugement sur les actions d'une autre personne.

Sixièmement, dans les moments de colère, rappelez-vous que le temps que nous passons sur terre est éphémère et qu'il n'a pas d'importance dans l'ordre des choses.

Septièmement, comprenez que les actions des gens ne vous dérangent pas. C'est plutôt l'opinion que vous avez de leurs actions qui vous pose problème. Vous ne pouvez pas contrôler les actions des autres, mais vous pouvez contrôler vos propres pensées et réactions.

Huitièmement, il faut savoir que la colère et la frustration causées par les actes d'une personne sont plus douloureuses que les actes eux-mêmes.

Neuvièmement, la gentillesse authentique est invincible, même pour la personne la plus violente. Si quelqu'un essaie de vous faire du mal, soyez gentil et expliquez-lui pourquoi ses actes ne sont pas corrects. Faites-le sans colère ni rancune pour lui montrer une meilleure voie.

Souvenez-vous de ces neuf règles et vous commencerez à évoluer en tant que personne. Vous devez éviter la flatterie et la colère envers les autres, car elles sont toutes deux nuisibles. Gardez à l'esprit que la passion n'est pas virile, mais que la douceur est plus naturelle et plus virile. Une personne qui possède la bonté et la douceur a plus de force et de courage qu'une personne qui cède à des accès de colère ou de mécontentement. Enfin, attendre des méchants qu'ils ne se comportent pas mal est stupide, car personne n'est parfait. En revanche, demander à ceux qui font du tort aux autres de ne pas vous maltraiter n'est pas une requête déraisonnable.

19. Vaincre son petit moi : Surmonter les quatre défauts majeurs des professeurs supérieurs

Il y a quatre défauts importants de l'âme contre lesquels il faut constamment être vigilant. Lorsque vous les détectez, vous devez les éliminer et vous le rappeler par ces mots : Cette pensée est inutile et destructrice pour l'harmonie sociale. Cette pensée n'est pas issue de mes vraies pensées, ce qui est absurde. Enfin, si vous vous reprochez quelque chose, c'est le signe que votre partie divine est vaincue par la partie la moins honorable et la plus éphémère de vous-même, le corps et ses vils plaisirs.

20. Se rebeller contre sa nature : La lutte de la partie intelligente pour la justice et le contentement

Votre aspect intelligent est la seule partie de vous qui soit désobéissante et mécontente de sa position, tandis que vos parties aériennes et ardentes, même avec leur tendance naturelle à s'élever, sont dominées et restent dans la masse composée du corps. De même, tes parties terrestres et aqueuses, dont la tendance naturelle est de descendre, sont élevées dans une position qui n'est pas la leur. Ainsi, toutes les parties élémentaires obéissent à l'univers, et une fois qu'elles sont fixées à un endroit, elles y resteront jusqu'à ce que l'univers leur donne le signal de la dissolution. Il est donc étrange que seul votre aspect intelligent désobéisse et manifeste son mécontentement, car il n'est soumis qu'à ce qui est conforme à sa nature, et pourtant il résiste et va dans la direction opposée. Toute tendance à l'injustice, à l'intempérance, à la colère, au chagrin et à la peur n'est que le comportement de quelqu'un qui s'écarte de la nature.

De plus, lorsque la faculté de gouverner n'est pas satisfaite d'un événement, elle abandonne son rôle, car elle est conçue non seulement pour la justice, mais aussi pour le respect et l'adoration des dieux. Ces vertus sont également incluses dans la catégorie générale de la satisfaction de l'état des choses et, en réalité, elles précèdent les actes de justice.

21. Le pouvoir d'un but précis pour une vie cohérente et unie

Toute personne qui n'a pas d'objectif cohérent dans la vie ne peut pas atteindre la cohérence dans sa vie. Cependant, il ne suffit pas d'avoir un objectif. Il est essentiel d'avoir le bon type d'objectif. Toutes les choses considérées comme bonnes par la majorité n'ont pas la même valeur, mais seulement certaines, comme celles qui touchent à la société et à la politique. C'est pourquoi nous devons nous fixer un objectif social et politique commun qui oriente tous nos efforts. Ce faisant, nous nous comporterons de manière uniforme et resterons fidèles à nous-mêmes.

22. Le conte des deux souris : une étude sur les modes de vie contrastés et les angoisses urbaines

Considérez les modes de vie contrastés de la souris rurale et de la souris urbaine, ainsi que la peur et le malaise ressentis par la souris citadine.

23. Lamiae : Les épouvantails de Socrate et le pouvoir de l'opinion collective

Socrate qualifiait les opinions collectives de "Lamiae" ou épouvantails pour terrifier les jeunes esprits.

24. De l'ombre pour les étrangers : La tradition hospitalière des Lacédémoniens

Les Lacédémoniens avaient l'habitude de fournir des sièges ombragés aux étrangers lors de leurs manifestations publiques, tandis qu'eux-mêmes s'asseyaient où bon leur semblait.

25. L'orgueil inavoué : Le refus de Socrate d'accepter une faveur

Socrate s'est excusé auprès de Perdiccas pour son incapacité à le rencontrer, expliquant qu'il ne souhaitait pas subir l'humiliation suprême. En d'autres termes, il ne voulait pas accepter une faveur et se retrouver incapable de la rendre.

26. Raviver les vertus du passé : Pourquoi il est essentiel de penser aux hommes éphésiens

Les Éphésiens ont écrit sur l'importance de penser constamment aux hommes vertueux d'autrefois. Ce précepte nous encourage à réfléchir aux actions et au caractère de ces personnes.

27. Inspiration céleste quotidienne : Le rituel pythagoricien de l'observation du ciel le matin

Les pythagoriciens nous rappellent de regarder le ciel chaque matin. Cela nous aide à nous rappeler les corps célestes qui accomplissent toujours leurs tâches de la même manière, tout en restant purs et découverts. Il convient de noter que les étoiles ne sont recouvertes d'aucun voile.

28. La sagesse non conventionnelle de Socrate : Embrasser l'humilité dans la peau d'un animal

Pensez à l'attitude remarquable de Socrate lorsqu'il s'est vêtu d'une peau d'animal après avoir été dépouillé de son manteau par sa femme Xanthippe. Pensez également aux paroles qu'il a adressées à ses amis qui ont eu honte de le voir dans cette tenue non conventionnelle.

29. Maîtriser l'autodiscipline : La clé de l'établissement de règles efficaces dans l'écriture et la vie

Avant d'établir des règles pour les autres dans le domaine de l'écriture ou de la lecture, vous devez d'abord apprendre à respecter des règles vous-même. C'est encore plus important dans la vie.

30. L'esclavage réduit au silence : La lutte pour la liberté d'expression

Vous êtes un esclave ; la liberté d'expression n'est donc pas pour vous.

31. Le rire du cœur : Une citation de l'Odyssée

Mon cœur a ri en moi, a-t-il dit.
Odyssée, ix. 413.

32. La critique controversée de la vertu : pourquoi certains choisissent de la maudire

Ils maudissent la vertu et en parlent durement.

33. Poursuites déraisonnables : À la recherche de figues et d'enfants perdus Au-delà de l'admissibilité

Chercher des figues en hiver est considéré comme un acte de folie. De même, une personne qui cherche son enfant alors que ce n'est plus permis est tout aussi déraisonnable (Épictète, iii. 24, 87).

34. Moment de réflexion : La surprenante philosophie d'Épictète sur l'acceptation de la mortalité

Épictète suggère que lorsqu'un homme embrasse son enfant, il devrait prendre un moment pour réfléchir à sa mortalité et se dire : "Demain, je ne serai peut-être plus en vie." Certains pourraient considérer cela comme une pensée négative. Épictète n'est pas de cet avis et affirme qu'aucun mot n'est intrinsèquement négatif s'il décrit un phénomène naturel. Par exemple, parler de la récolte des épis de maïs pourrait être considéré comme un "mauvais présage".

35. La métamorphose du raisin : De la jeunesse aux raisins secs

Le jeune raisin, la grappe en pleine croissance et le raisin sec subissent tous une transformation, non pas dans un état de néant, mais dans une nouvelle existence qui n'est pas encore réalisée.

36. Incassable : Le pouvoir du choix selon Épictète

Personne ne peut nous priver de notre liberté de choix, comme l'affirme Épictète dans son ouvrage.

37. L'art de maîtriser l'assentiment : Les conseils intemporels d'Épictète sur les actions et les aversions

Épictète conseille à l'homme de maîtriser l'art de donner son assentiment et d'être prudent dans ses actions, en veillant à ce qu'elles soient adaptées à la situation et conformes aux normes sociales. Il doit également tenir compte de la valeur de l'objet en question. En outre, il doit strictement éviter de céder à toute forme de désir sensuel. Quant à l'aversion, il doit éviter de l'exprimer à l'égard de ce qui échappe à son contrôle.

38. La folie au cœur du désaccord actuel : Les opinions des experts révélées

Selon lui, le désaccord actuel ne porte pas sur une question ordinaire, mais plutôt sur la question de savoir si quelqu'un est fou.

39. La quête incessante d'âmes saines et rationnelles : Le questionnement de Socrate sur le conflit et la dispute

Socrate demanda un jour : "Désires-tu les âmes d'hommes rationnels ou irrationnels ?". Son interlocuteur lui a répondu : "Les âmes des hommes rationnels". Socrate a ensuite posé la question suivante : "Préfères-tu des hommes rationnels qui sont sains ou non sains ?" La réponse fut : "Sains". Socrate demanda alors : "Si ces âmes sont déjà en votre possession, pourquoi vous engagez-vous encore dans des conflits et des disputes ?"

LIVRE 12

— Accueillir la vie et trouver l'équilibre

La vie est courte et imprévisible, il est donc important de prendre le temps d'apprécier les bonnes choses et de se concentrer sur ce qui est important. Nous devons viser haut, être honnêtes et ne pas laisser les autres nous contrôler. La mort étant certaine, nous devons profiter au maximum de la vie et trouver le bonheur dans tout ce qui se présente à nous. Nous devons rechercher l'équilibre et la justice et nous rappeler que les dieux sont présents dans la vie de tous les jours. Tout est un, c'est une question de perspective. La vie est courte, alors profitez-en et n'oubliez pas de vous interroger sur votre véritable but et d'agir pour le bien.

1. Débloquez votre véritable potentiel : Comment réaliser vos désirs avec piété et justice

On peut avoir toutes les choses que l'on désire en prenant un chemin direct si on ne se les refuse pas à soi-même. Cela signifie qu'il faut oublier le passé et s'en remettre à la providence pour l'avenir, tout en pratiquant la piété et la justice dans le présent. Pratiquez la piété en acceptant le sort qui vous est réservé dans la vie, puisque la nature l'a fait pour vous et que vous l'avez fait pour elle. Pratiquez la justice en disant toujours la vérité et en suivant les lois qui reflètent la valeur de chaque situation. Ne vous laissez pas décourager par les mauvaises actions, opinions, paroles ou sensations physiques de quiconque ; c'est à cela que sert la partie passive de votre esprit. À l'approche de la fin de votre vie, concentrez-vous uniquement sur votre faculté de gouverner et sur votre divinité intérieure. Ne craignez pas l'arrêt de la vie, mais plutôt la peur de n'avoir jamais vraiment vécu selon la nature. Ce faisant, vous deviendrez un individu digne de l'univers qui vous a vu naître, vous ne vous sentirez plus étranger dans votre propre maison et vous ne serez plus surpris par les événements quotidiens. Vous vous libérerez également de la dépendance à l'égard de ceci ou de cela.

2.   Débloquer la libération : Embrasser son vrai moi intellectuel selon Dieu

Dieu perçoit les véritables principes directeurs de tous les individus, dépouillés de leur corps physique et de leurs impuretés. Il se concentre uniquement sur l'intellect qui émane de lui et qui anime la forme humaine. En suivant cette approche, vous pouvez vous libérer de nombreux fardeaux. Si vous n'accordez pas d'importance à votre existence physique, vous ne vous soucierez pas des facteurs externes tels que l'habillement, le logement et la célébrité.

3.   Se débarrasser de ses attaches : Un guide pour vivre pur et libre

Vous êtes composé de trois choses : un petit corps, un petit souffle (la vie) et l'intelligence. Il vous incombe de prendre soin des deux premières, mais la troisième vous appartient vraiment. Par conséquent, pour vivre une vie pure et libre, séparez-vous de votre compréhension de ce que les autres disent et font, ainsi que de ce que vous avez dit et fait, des problèmes futurs et des choses attachées à votre corps et à votre vie qui sont hors de votre contrôle. En vous débarrassant de ces attachements, vous pouvez vraiment vivre dans la justice et trouver la vérité, à l'abri des caprices du destin. Pour y parvenir, vis uniquement dans le présent et efforce-toi d'être comme la sphère d'Empédocle - tout autour et au repos. Vous pourrez alors vivre le reste de votre vie noblement et en obéissant à votre dieu intérieur, à l'abri des perturbations.

4. Le paradoxe de l'amour de soi et de l'auto-évaluation : Pourquoi nous accordons plus d'importance à l'opinion des autres

Je me suis souvent demandé pourquoi chaque homme s'aime plus que quiconque, tout en accordant moins d'importance à l'opinion qu'il a de lui-même qu'au point de vue des autres. Si une divinité ou un mentor érudit apparaissait et ordonnait à une personne d'exprimer toutes ses pensées et ses idées, elle n'en serait pas capable, ne serait-ce qu'une journée. Cela montre à quel point nous accordons plus d'importance à ce que les autres pensent de nous qu'à notre propre évaluation.

5. Le paradoxe de la vertu : pourquoi les dieux abandonnent-ils leurs plus fervents disciples ?

Comment se fait-il que les dieux, qui ont orchestré le monde avec bienveillance pour l'humanité, aient négligé le fait que certains individus vertueux, qui ont eu le lien le plus étroit avec le divin par des actes de piété et des pratiques religieuses, doivent complètement cesser d'exister après la mort ?

Cependant, si c'est vraiment le cas, soyez assurés que les dieux auraient arrangé les choses différemment si c'était juste et naturel. Puisque ce n'est pas le cas, la situation n'aurait pas dû être telle qu'elle est. Il serait présomptueux d'interroger les dieux à ce sujet, et nous ne devrions pas avoir la prétention de contester les dieux à moins qu'ils ne soient parfaitement justes et excellents. Si c'est le cas, alors ils auraient agi rationnellement et justement dans leur création de l'univers et n'auraient jamais rien négligé sans raison.

6. Débloquer le potentiel caché : Embrasser le pouvoir de la pratique de l'invincible

Pratiquez même les choses que vous pensez ne pas pouvoir accomplir. Votre main non dominante, par exemple, peut être inutile pour la plupart des activités en raison d'un manque de pratique, mais elle peut tenir la bride plus fermement que votre main dominante si vous vous êtes entraîné à le faire.

7. La contemplation en pleine conscience : Accepter le caractère éphémère de la vie et se préparer à l'arrivée de la mort

Réfléchissez à l'état dans lequel une personne devrait se trouver - physiquement et émotionnellement - lorsque la mort vient frapper à sa porte. Prenez conscience de la brièveté de la vie, de l'étendue infinie du temps passé et à venir, et de la fragilité de tout ce qui est physique.

8. Découvrir l'essence : Le pouvoir de la réflexion et de la conscience de soi

Réfléchissez aux principes sous-jacents des choses, dépouillées de leurs couches extérieures. Réfléchissez aux intentions qui sous-tendent les actions, ainsi qu'à la nature de la douleur, du plaisir, de la mort et de la célébrité. Identifiez la cause profonde de votre mécontentement et reconnaissez que personne d'autre ne peut entraver votre progression. Rappelez-vous que tout est subjectif et façonné par l'opinion.

9. Pancratiaste vs Gladiateur : Appliquer les principes de la réussite

Lorsque vous appliquez vos principes, vous devez agir comme un pancratiaste et non comme un gladiateur. Un gladiateur laisse tomber son épée et devient vulnérable à la défaite, alors qu'un pancratiaste a toujours la main prête à l'action. Il lui suffit de l'utiliser efficacement.

10. Découvrir l'essence : Déconstruire la matière, la forme et la finalité

Examiner l'essence des choses en les décomposant en matière, forme et finalité.

11. La véritable mesure d'un homme puissant : Plaire à Dieu et accepter sa volonté

Un homme puissant ne doit rien faire d'autre que ce qui plaît à Dieu et accepter tout ce que Dieu peut lui donner.

12. Au-delà du blâme : Comprendre l'ordre naturel des choses

Lorsque les choses se produisent conformément à la nature, nous ne devons pas blâmer les dieux, car ils n'agissent jamais mal, que ce soit intentionnellement ou accidentellement. De même, nous ne devons pas blâmer les gens, à moins qu'ils n'agissent mal de manière involontaire. En fin de compte, il n'y a personne à blâmer dans de telles situations.

13. Obtenir des résultats concrets : Pourquoi vous ne devez pas vous laisser surprendre par les péripéties de la vie

"Ridicule et déconnecté", c'est ainsi que l'on qualifie toute personne qui se laisse surprendre par les événements imprévisibles de la vie.

14. Faire face au destin : naviguer dans les possibilités de la providence ou du chaos

Il y a trois possibilités : soit il existe une nécessité fatale, soit une providence bienveillante veille sur notre destin, soit il n'y a que le chaos sans but ni orientation. S'il est vrai qu'une nécessité invincible existe, alors pourquoi s'efforcer d'y résister ? Cependant, s'il existe une providence qui peut être apaisée, il faut s'efforcer de mériter l'intervention divine. Mais s'il n'y a que de la confusion sans aucune force dirigeante, consolez-vous en sachant que vous possédez une intelligence dirigeante au milieu de la turbulence. Et même si la tempête emporte votre corps physique et votre souffle, soyez satisfait, car elle ne peut pas toucher votre intellect.

15. La lampe et l'âme : leur lumière durera-t-elle ?

La lumière de la lampe brillera-t-elle sans tache jusqu'à ce qu'elle soit éteinte ? De même, la vérité, la justice et la tempérance qui sont en vous s'éteindront-elles avant votre disparition ?

16. Décoder les actes répréhensibles : Naviguer dans les dilemmes moraux face à la honte et à la colère

Lorsqu'un homme semble avoir fait quelque chose de mal, comment puis-je déterminer si l'acte est vraiment répréhensible ? Et même s'il s'est mal comporté, comment puis-je être certain qu'il ne s'est pas déjà condamné lui-même ? C'est comme s'il s'était déjà couvert de honte par ses propres actions. Je vous demande de réfléchir à ceci : ceux qui souhaitent que les mauvaises personnes s'abstiennent de commettre des actes répréhensibles sont comme ceux qui s'attendent à ce que les figuiers ne produisent pas de jus dans leurs fruits, que les nourrissons ne pleurent pas ou que les chevaux ne hennissent pas - ces choses sont inévitables. Alors, que faire avec de tels individus ? Si vous vous mettez facilement en colère, concentrez-vous sur la correction de votre propre tempérament au lieu d'essayer de changer le comportement des autres.

17. Guider vos actions : Le pouvoir d'agir selon la vérité et la morale

Si c'est mal, ne le fais pas ; si ce n'est pas vrai, ne le dis pas. Laissez vos actions être guidées par ce principe...

18. Décomposer l'apparence : Pourquoi la connaissance des origines est essentielle à la compréhension

Prêtez toujours attention à l'origine de l'apparence que la chose produit pour vous et décomposez-la en sa forme, sa substance, son objectif et sa durée.

19. Déverrouiller votre divinité intérieure : Surmonter les émotions avec Épictète

Réalisez qu'il y a en vous quelque chose de supérieur et de plus divin que les facteurs qui déclenchent différentes émotions et semblent vous contrôler. Considérez ce qui occupe actuellement vos pensées - est-ce la peur, la suspicion, le désir ou une autre émotion similaire ?

20. Actions conscientes : Servir un objectif social plus important grâce à la relecture et à l'édition

Pour commencer, évitez toute action précipitée ou irréfléchie et ayez toujours un objectif clair à l'esprit. En outre, veillez à ce que vos actions soient uniquement orientées vers un résultat positif pour la société dans son ensemble.

21. Accepter notre insignifiance : Le cycle éternel de la vie et de l'évolution

Pendant que vous lisez ceci, rappelez-vous que bientôt vous deviendrez insignifiant et que tout ce qui vous entoure cessera d'exister. Cela inclut les choses que vous voyez aujourd'hui et les personnes qui sont en vie avec vous. C'est parce que la nature a prévu que tout évolue et prenne fin, pour laisser place à un cycle continu de nouvelles choses et de vie.

22. Trouver la paix dans la baie calme du contrôle subjectif : L'abandon des opinions pour la sérénité et la stabilité

Rappelez-vous que tout est subjectif et que vous pouvez le contrôler. Choisissez de vous défaire de vos opinions et vous trouverez la paix, la stabilité et la sérénité - tout comme un marin qui a contourné un promontoire et trouvé une baie calme et tranquille. Éliminez les pensées inutiles et vous trouverez l'équilibre.

23. Embrasser la fin naturelle de la vie : La transition positive et opportune vers l'universel

Toute activité, quelle que soit sa nature, ne subit aucun préjudice dès lors qu'elle s'est achevée au moment opportun. De même, la personne qui a accompli l'acte ne subit aucun préjudice car l'acte a cessé. De même, l'ensemble de notre vie - qui comprend tous nos faits et gestes - ne subit aucun dommage lorsqu'elle s'achève au moment opportun. De plus, l'individu qui conclut cette série d'actions au bon moment n'est pas traité injustement.

La nature définit le moment et la limite appropriés, qui peuvent être la nature distincte des humains dans la vieillesse, ou toujours la nature universelle responsable du changement des parties de l'univers afin qu'il continue à être toujours vert et parfait. Et tout ce qui est jugé bénéfique pour l'univers est toujours idéal et opportun. Par conséquent, la fin de la vie ne peut jamais être un mal pour qui que ce soit, car non seulement elle échappe à notre contrôle, mais elle ne va pas non plus à l'encontre de l'intérêt général. Au contraire, elle est positive parce qu'elle est opportune, bénéfique et cohérente avec l'universel. Par conséquent, lorsqu'une personne va dans la même direction et pour la même raison que la divinité, elle en est également touchée.

24. Trois principes pour une existence fière : La justice, la pleine conscience et la perspective

Vous devez toujours respecter trois principes : Lorsque vous agissez, ne faites rien sans réfléchir et agissez toujours avec justice ; lorsque vous êtes confrontés à des circonstances extérieures, comprenez qu'elles sont le résultat soit du hasard, soit de la providence, et ne blâmez ni n'accusez l'un ni l'autre. Deuxièmement, contemplez la composition de chaque être vivant, depuis sa semence jusqu'au moment où il reçoit une âme, et depuis le moment où il reçoit une âme jusqu'au moment où il disparaît. Analysez les éléments qui composent chaque être et sa décomposition éventuelle. Troisièmement, si vous étiez soudainement élevé au-dessus de la terre pour observer les affaires humaines et contempler l'immensité de l'air et de l'éther environnants, vous verriez toujours les mêmes choses : des similitudes formelles et une existence brève. Y a-t-il une raison de se vanter de telles choses ?

25. Libérez-vous des opinions et faites l'expérience du véritable salut : Surmonter les barrières qui vous empêchent d'avancer

Débarrassez-vous de vos opinions et vous serez sauvé. Alors, qu'est-ce qui vous empêche de vous en débarrasser ?

26. Le pouvoir du lâcher-prise : Accepter l'ordre naturel de la vie

Lorsque vous vous sentez troublé par quoi que ce soit, il est important de vous rappeler que tout se passe dans l'ordre naturel des choses et que les actes répréhensibles des autres ne vous concernent pas. En outre, il est essentiel de reconnaître que tout ce qui se passe n'est pas unique à vous, car cela se produit partout et a toujours été le cas. Il est également important de comprendre le lien qui unit tous les êtres humains, car nous ne sommes pas seulement liés par le sang ou l'ascendance, mais aussi par notre intelligence et nos expériences communes. L'intelligence de chaque personne est un don divin, qui lui a été accordé par le divin. Rappelez-vous que rien ne vous appartient, y compris votre corps et votre âme, car ils sont tous des dons du divin. Enfin, gardez à l'esprit que tout est opinion et que le seul moment qui compte vraiment est le moment présent. Par conséquent, ne perdez pas de temps à vous inquiéter du passé ou de l'avenir, mais concentrez-vous sur le moment présent.

27. Les dangers de la poursuite de l'orgueil : Leçons sur la célébrité, l'infortune et l'humilité

Souvenez-vous toujours de ceux qui se sont beaucoup plaints de quoi que ce soit, ou de ceux qui ont acquis la plus grande renommée, qui ont souffert de grands malheurs ou d'inimitiés, ou même qui ont eu de la chance. Ensuite, demandez-vous où ils sont aujourd'hui. Ils ne sont que fumée et cendres, ou ne méritent même pas d'être racontés. Rappelez-vous aussi que Fabius Catellinus vivait à la campagne, Lucius Lupus dans ses jardins, Stertinius à Briae et Tibère à Capreae. Pensez à la recherche avide de n'importe quoi qui se termine par l'orgueil, et à l'inutilité de telles recherches. Il est plus philosophique de s'efforcer de se montrer juste, tempérant, obéissant aux dieux, et de le faire avec simplicité. N'oubliez pas qu'il n'y a rien de plus intolérable que l'orgueil qui se vante de son propre manque d'orgueil.

28. Un pouvoir indéniable : Témoigner de l'existence des dieux par la révérence

Lorsque les gens demandent où l'on peut trouver les dieux, ou comment on peut vraiment croire en leur existence et les vénérer, ma réponse est simple. Premièrement, les dieux sont visibles à l'œil nu. Deuxièmement, je n'ai jamais posé les yeux sur ma propre âme, mais je la considère toujours avec la plus grande révérence. Par conséquent, ma compréhension de l'existence des dieux vient de leur pouvoir indéniable, dont je suis constamment témoin, ce qui m'amène à les vénérer.

29. Percer le secret d'une vie sûre et épanouissante : Une approche holistique

L'essence de la sécurité dans la vie réside dans l'examen approfondi de chaque aspect - comprendre la partie matérielle ainsi que la partie formelle. Il est impératif d'aborder cela avec un dévouement total et de s'efforcer d'être juste et honnête. Une fois cette tâche accomplie, la seule étape logique consiste à profiter pleinement de la vie en enchaînant diverses expériences positives, sans interruption.

30. La force unificatrice : Comment l'âme intelligente lie tous les éléments entre eux

Une lumière singulière émane du soleil, bien que son rayonnement puisse être obstrué par des murs, des montagnes et d'autres structures infinies. De même, une substance singulière existe, bien qu'elle soit dispersée dans d'innombrables corps, chacun avec ses caractéristiques uniques. Il en va de même pour l'âme, qui est présente dans toutes les natures infinies et tous les êtres individuels. Même l'âme intelligente semble fragmentée, mais reste entière. Parmi les éléments mentionnés, les composants dépourvus de sensations, comme l'air et la matière, manquent de communion. Cependant, le principe d'intelligence lie même ces éléments par son attraction gravitationnelle. Cependant, l'intellect a un penchant exclusif pour ses proches et, en tant que tel, il n'est jamais déconnecté du sentiment de communauté.

31. Trouver les désirs éternels : Équilibrer les sensations, la raison et la foi au-delà de la mort

Désirez-vous poursuivre votre existence ? Si oui, souhaitez-vous connaître la sensation, le mouvement, la croissance ? Et puis, à nouveau, cesser de grandir, d'utiliser la parole, de penser ? Qu'est-ce qui vous semble souhaitable parmi ces éléments ? Si rien de tout cela n'a de valeur, tournez-vous plutôt vers ce qui reste : suivre la raison et Dieu. Il est contradictoire d'honorer la raison et Dieu, tout en étant anxieux et bouleversé par la perte de ces choses à cause de la mort.

32. L'insignifiance du temps : pourquoi il est important de suivre son cœur

Quelle minuscule portion de la vaste et incompréhensible étendue du temps est allouée à chaque individu, disparaissant rapidement dans l'infini ! Et quelle partie infinitésimale de l'ensemble de la composition, quelle composante marginale de la conscience collective, et quel minuscule grain de poussière vous habitez ! En réfléchissant à ces réalités, concluez que rien n'est vraiment grand, si ce n'est de suivre vos inclinations inhérentes et de tolérer tout ce qui est livré par l'univers commun.

33. Le cœur du contrôle : comment la faculté dirigeante s'utilise elle-même

Comment la faculté dirigeante s'utilise-t-elle ? C'est là le cœur du problème. Tout le reste, qu'il soit sous votre contrôle ou non, n'est que débris inertes et fumées.

34. Embrasser l'immortalité : La réflexion sur le dédain de la mort

Cette réflexion est la plus à même de nous inspirer le mépris de la mort, car même ceux qui considèrent le plaisir comme une vertu et la douleur comme un vice l'ont toujours tenue en piètre estime.

35. L'essence d'un homme idéal : Rationalité, timing et indifférence à l'égard de la mort

L'homme idéal croit que la bonté doit venir au bon moment, et il est indifférent au fait qu'il accomplisse plus ou moins d'actions en accord avec la rationalité. En outre, il lui est indifférent de méditer sur le monde pendant une période plus ou moins longue. Une telle personne ne considère pas la mort comme un événement redoutable.

36. Embrasser le lever de rideau : Pourquoi accepter le rôle de la nature dans notre départ peut apporter la paix

Cher ami, tu es citoyen de ce grand monde, et peu importe que ce soit depuis trois ou cinq ans. La justice est équitable pour tous ceux qui obéissent aux lois. Si la nature, et non un dirigeant ou un juge injuste, te retire de cet état, pourquoi devrais-tu te plaindre ? C'est comme si un acteur était renvoyé de la scène par le metteur en scène. Vous pouvez dire que vous n'avez pas terminé les cinq actes, mais dans la vie, trois actes peuvent représenter l'ensemble de votre drame. C'est la personne qui a composé et qui dissoudra la pièce qui décide de ce qui la complète, pas vous. Par conséquent, vous n'êtes pas responsable de votre départ et vous pouvez quitter ce monde en étant satisfait, tout comme celui qui vous libère sera heureux lui aussi.

GLOSSAIRE

Ce glossaire comprend tous les noms propres (à l'exception de quelques-uns qui sont insignifiants ou inconnus) et tous les mots obsolètes ou obscurs.

Adrianus, ou Hadrien (76-138 ap. J.-C.), 14e empereur romain.

Agrippa, M. Vipsanius (63-12 av. J.-C.), soldat distingué sous Auguste.

Alexandre le Grand, roi de Macédoine et conquérant de l'Orient, 356-323 avant J.-C.

Antisthène d'Athènes, fondateur des cyniques et ennemi de Platon, a vécu au Ve siècle avant Jésus-Christ. Antonin de Pise, quant à lui, fut le 15e empereur romain de 138 à 161 après J.-C. et l'un des meilleurs souverains à avoir jamais porté une couronne.

Apathie : l'idéal stoïcien était le calme en toutes circonstances, l'insensibilité à la douleur et l'absence de toute exaltation du plaisir ou de la chance.

Apelles, peintre renommé de l'Antiquité.

Apollonios d'Alexandrie, appelé Dyscolus, ou le "colérique", grand grammairien.

Apostéme, tumeur, excroissance.

Archimède de Syracuse, 287-212 av. J.-C., le plus célèbre mathématicien de l'Antiquité.

Athos, promontoire montagneux au nord de la mer Égée.

Auguste, premier empereur romain (31 av. J.-C.-14 ap. J.-C.).

Éviter, annuler.

Bacchius : il y a eu plusieurs personnes de ce nom, et celui dont il est question est peut-être le musicien.

Brutus (1) le libérateur du peuple romain de ses rois, et (2) le meurtrier de César. Ces deux noms étaient connus de tous.

César, Caius, Julius, le dictateur et le conquérant.

Caieta, ville du Latium.

Camillus, célèbre dictateur au début de la République romaine.

Carnuntum, ville située sur le Danube en Haute Pannonie.

Caton, dit d'Utique, stoïcien mort de sa propre main après la bataille de Thapsus, 46 avant J.-C. Son nom était proverbial pour sa vertu et son courage.

Cauteleux, prudent.

Cecrops, premier roi légendaire d'Athènes.

Charax, peut-être l'historien sacerdotal de ce nom, dont la date est inconnue, si ce n'est qu'elle doit être postérieure à Néron.

Chirurgien, chirurgien.

Chrysippe, 280-207 av. J.-C., philosophe stoïcien, fondateur du stoïcisme en tant que philosophie systématique.

Le Circus Maximus de Rome, lieu de divertissement, où quatre Factiones, ou compagnies, se disputaient la suprématie. Chacune se distinguait par sa couleur : rouge, blanc, bleu et vert. Bien que la compétition soit féroce, avec de nombreuses explosions de violence, c'est un lieu de joie et de célébration. Les rires et les applaudissements résonnaient dans les tribunes, des champions se formaient, des rivalités se nouaient. Un lieu de grand spectacle et une arène d'immense rivalité.

Cithaeron, chaîne de montagnes au nord de l'Attique.

Comédie antique ; terme appliqué à la comédie attique d'Aristophane et de son époque, qui critiquait les personnes et la politique, à l'instar d'un journal comique moderne, tel que Punck. Voir Nouvelle comédie.

Compendieux, court.

Concevoir, penser.

Le contentement, la satisfaction.

Crates, philosophe cynique du IVe siècle avant J.-C.

Crœsus, roi de Lydie, proverbial pour sa richesse ; il a régné 560-546 av.

Les Cyniques, une école de philosophes dirigée par Antisthène, recherchaient un retour à l'état de nature en rejetant toutes les revendications civiles et sociales. Leurs textes sont une version ironique du socratisme, où seule la vertu est considérée comme bonne et le vice comme mauvais. Si leur mission était noble, leurs manières étaient souvent déplaisantes - une contradiction qui se manifeste encore aujourd'hui dans la société.

Démétrius de Phalère, orateur, homme d'État, philosophe et poète athénien. Né en 345 av.

Démocrite d'Abdère (460-361 av. J.-C.), célèbre comme le "philosophe rieur", dont la pensée constante était "Quels idiots sont ces mortels". Il a inventé la théorie atomique.

Dio de Syracuse, disciple de Platon, puis tyran de Syracuse. Assassiné en 353 av.

Diogène, le Cynique, né vers 412 avant J.-C., réputé pour sa grossièreté et sa hardiesse.

Diognète, peintre.

Se passer de, supporter de.

Dogmes, dictons ou règles de vie philosophiques.

Empédocle d'Agrigente, vers le Ve siècle avant J.-C., philosophe qui, le premier, a établi qu'il y avait "quatre éléments". Il croyait à la transmigration des âmes et à l'indestructibilité de la matière.

Épictète, célèbre philosophe stoïcien, était d'origine phrygienne. D'abord esclave, puis affranchi, il resta boiteux, appauvri et néanmoins satisfait. Ses discours ont ensuite été rassemblés et publiés dans l'ouvrage connu sous le nom d'Encheiridion, compilé par l'un de ses élèves.

Épicuriens, secte de philosophes fondée par Épicure, qui "combinait la physique de Démocrite", c'est-à-dire la théorie atomique, "avec l'éthique d'Aristippe". Ils se proposaient de vivre pour le bonheur, mais le mot ne portait pas ce sens grossier et vulgaire à l'origine qu'il prit bientôt.

Épicure de Samos, 342-270 av. J.-C. À Athènes, dans ses jardins verdoyants, il mène une vie urbaine et bienveillante, quoique peu productive. Son caractère était simple et tempéré, et il ne possédait aucun des vices ou des excès que l'on attribuera plus tard à l'école épicurienne.

Eudoxe de Cnide, célèbre astronome et médecin du IVe siècle av.

Fatal, condamné.

Fortuit, hasard (adj.).

Fronto, M. Cornelius, rhéteur et plaideur, nommé consul en 143 après J.-C. Plusieurs de ses lettres à M. Aur. et à d'autres sont conservées.

Granua, un affluent du Danube.

Helice, ancienne capitale de l'Achaïe, engloutie par un tremblement de terre, 373 av.

Helvidius Priscus, gendre de Thrasea Paetus, homme noble et épris de liberté. Il fut banni par Néron et mis à mort par Vespasien.

Héraclite d'Éphèse, qui a vécu au VIe siècle avant J.-C. Il a écrit sur la philosophie et les sciences naturelles.

Herculanum, près du Vésuve, ensevelie par l'éruption de 79 après Jésus-Christ.

Hercule, devrait être Apollon. Voir Muses.

Hiatus, décalage.

Hipparque de Bithynie, astronome du IIe siècle avant J.-C., "véritable père de l'astronomie".

Hippocrate de Cos, vers 460-357 av. J.-C. L'un des médecins les plus connus de l'Antiquité.

Idiot, désigne simplement celui qui n'est compétent en rien, le "profane", celui qui n'a pas reçu de formation technique dans un art, un métier ou une profession.

Leonnatus, éminent général d'Alexandre le Grand.

Lucilla, fille de M. Aurelius et épouse de Verus, à qui elle a survécu.

Mécène, conseiller de confiance d'Auguste et généreux mécène des esprits et des hommes de lettres.

Maximus, Claudius, philosophe stoïcien.

Ménippe, philosophe cynique.

Meteores, ta metewrologika, "haute philosophie", utilisé spécialement pour l'astronomie et la philosophie naturelle, qui étaient liées à d'autres spéculations.

Comédie moyenne, quelque chose à mi-chemin entre l'ancienne et la nouvelle comédie. Voir Comédie ancienne et Comédie nouvelle.

Les stoïciens distinguaient trois domaines : le vertueux, le vicieux et l'"indifférent". Or, une grande partie de ce que le monde considère comme bon ou mauvais, comme la richesse ou la pauvreté, est considérée comme "indifférente". Parmi ces choses, certaines doivent être poursuivies, tandis que d'autres doivent être rejetées.

Muses, les neuf divinités qui présidaient aux différentes formes de poésie, de musique, etc. Leur chef était Apollon, dont l'un des titres est Musegetes, le chef des Muses.

Nerfs, cordes.

Comédie nouvelle, la comédie attique de Ménandre et de son école, qui critiquait non pas les personnes mais les mœurs, à la manière d'un opéra comique moderne. Voir Comédie antique.

Palestra, école de lutte.

Pancratiaste, compétiteur au pancratium, un concours combiné qui comprenait la boxe et la lutte.

Parmularii, gladiateurs armés d'un petit bouclier rond (parma).

Phidias, le plus célèbre sculpteur de l'Antiquité.

Philippus, fondateur de la suprématie macédonienne et père d'Alexandre le Grand.

Phocion, général et homme d'État athénien, homme noble et élevé, IVe siècle avant J.-C. Démosthène l'appelait "l'élagueur de mes périodes". Il fut mis à mort par l'État en 317, sur la base d'un faux soupçon, et laissa un message à son fils "de ne pas garder rancune aux Athéniens".

Pin, tourment.

Platon d'Athènes, 429-347 av. J.-C. Il utilise la méthode dialectique inventée par son maître Socrate. C'était un philosophe-poète, dit-on, dont la théorie des idées affirmait que les choses étaient ce qu'elles étaient en fonction de leur participation à l'Idée éternelle. Dans son "Commonwealth", il envisageait un monde utopique, un lieu de perfection et d'harmonie.

Platoniciens, adeptes de Platon.

Pompéi, près du Vésuve, ensevelie lors de l'éruption de 79 après Jésus-Christ.

Pompeius, C. Pompeius Magnus, un général très efficace à la fin de la République romaine (106-48 av. J.-C.).

Prestidigitateur, jongleur.

Pythagore de Samos, philosophe, scientifique et moraliste du VIe siècle av.

Quadi, une tribu de l'Allemagne du Sud. M. Aurelius les a combattus et une partie de ce livre a été écrite sur le terrain.

Rictus, béance, mâchoires.

Rusticus, Q. Junius, ou philosophe stoïcien, nommé deux fois consul par M. Aurelius.

Sacraire, sanctuaire.

Salaminius, Léon de Salamine. Les trente tyrans ordonnèrent à Socrate de l'amener devant eux, ce que Socrate refusa à ses risques et périls.

Sarmatae, tribu vivant en Pologne.

Sceletum, squelette.

Les réflexions profondes de Pyrrhon, un philosophe grec de l'Antiquité qui a vécu quatre siècles avant la naissance du Christ, sont depuis longtemps une source de contemplation et d'interrogation. Ses enseignements sur la relativité de la connaissance et l'impossibilité de la preuve ont inspiré une école de pensée connue sous le nom de "scepticisme". Ses paroles, bien que prononcées il y a des millénaires, restent aussi pertinentes aujourd'hui qu'elles l'étaient dans son pays natal. L'agnosticisme partage lui aussi de nombreux principes philosophiques de Pyrrhon, ce qui fait de ces deux écoles de pensée des compagnons naturels dans la quête de la connaissance.

Scipion, nom de deux grands soldats, P. Corn. Scipio Africanus, vainqueur d'Hannibal, et P.

Maïs. Sc. Afr. Mineur, entré dans la famille par adoption, qui détruisit Carthage.

Secutoriani (mot inventé par C.), les Sececutores, gladiateurs aux armes légères, qui s'affrontaient avec un filet et un trident.

Sextus de Chéronée, philosophe stoïcien, neveu de Plutarque.

C'est bête, c'est simple, c'est commun.

Sinuessa, ville du Latium.

Socrate, philosophe athénien (469-399 av. J.-C.), fondateur de la méthode dialectique. Mis à mort par ses concitoyens sur la base d'une fausse accusation.

Limiter, restreindre (sans impliquer la nigauderie).

Le mode de vie stoïcien a été fondé par un sage nommé Zénon au quatrième siècle avant J.-C., puis systématisé par Chrysippe au troisième siècle. Les stoïciens croyaient que la matière physique était l'essence de l'univers et leur but était de vivre en accord avec la nature. Leur homme parfait n'avait aucun besoin ; tout ce dont il avait besoin, c'était de sa propre sagesse. La vertu était appréciée et le vice désapprouvé, même s'ils estimaient que les choses extérieures n'avaient pas d'importance.

Théophraste, philosophe, élève d'Aristote et son successeur à la présidence du Lycée. Il a écrit de nombreux ouvrages de philosophie et d'histoire naturelle. Mort en 287 av.

Thrasea, P. Thrasea Pactus, sénateur et philosophe stoïcien, homme noble et courageux. Il fut condamné à mort par Néron.

Tibère, deuxième empereur romain (14-31 après J.-C.). Il passe la dernière partie de sa vie à Capreae (Capri), près de Naples, dans le luxe ou la débauche, négligeant ses devoirs impériaux.

To-torn, déchiré en morceaux.

Trajan, 13e empereur romain, 52-117 après J.-C.

Verus, Lucius Aurelius, collègue de M. Aurelius dans l'Empire. Il épousa Lucilla, fille de M. A., et mourut en 169 après Jésus-Christ.

Vespasien, 9e empereur romain Xénocrate de Chalcédoine, 396-314 av. J.-C., philosophe et président de l'Académie.

INDEX

155, 156, 161, 180, 184, 189,
190
vertus, 40, 49, 61, 65, 81, 87, 105,
135, 165, 170
Vespasien, 52, 190, 194
vêtements, 19, 23, 24, 76, 140
vices, 11, 135, 190
villes, 5, 36, 56, 92
vision, 21, 47, 53, 122
vitesse, 89
vivre dans, 24, 27, 153, 176
vivre une, 18, 29, 87, 140, 149,
151, 176

voix, 31, 80, 162
volonté, 9, 19, 21, 28, 53, 57, 60,
75, 84, 87, 99, 129, 133, 134,
151
votre propre jugement, 124
vous arrive, 39, 89
vous avez le, 61, 116, 121, 146,
155, 156
voyage, 4, 37, 56, 116, 127, 145
vues, 78
Zénon, 6, 10, 193
zones, 44

www.ingramcontent.com/pod-product-compliance
Lightning Source LLC
LaVergne TN
LVHW010510200726
843506LV00013B/2568